Joachim Kuhnle

Völkerwanderung nach Deutschland

Über die größte deutsche Krise nach dem Zweiten Weltkrieg

LICHTSCHLAG NR. 27

LICHTSCHLAG NR. 27

Joachim Kuhnle

Völkerwanderung nach Deutschland

**Über die größte deutsche Krise
nach dem Zweiten Weltkrieg**

ISBN: 978-3-939562-35-1

Coverbild von shutterstock.com

2015
Lichtschlag Buchverlag
Natalia Lichtschlag Buchverlag und Büroservice
Malvenweg 24
41516 Grevenbroich

Inhalt

Vorwort

Das Jahr 2015 wird geprägt von einer in den letzten Jahrhunderten einzigartigen Völkerwanderung nach Deutschland. Angedeutet hatte sich dies bereits ein Jahr zuvor, als die Zahl der Asylbewerber hierzulande stark anstieg. Grundsätzlich wird das Asylrecht schon seit vielen Jahren zur illegalen Einwanderung missbraucht. Die Zustände in manchen Stadtteilen unserer Großstädte sind die Folge dieser widersprüchlichen Migrationspolitik, bei der zwischen geltendem Recht und tatsächlicher Praxis eine erstaunliche Unvereinbarkeit herrscht. Die für 2015 auf mindestens eine Million geschätzte Zahl der Neueinwanderer wird daher unser Land nicht grundlegend verändern. Nur das Tempo der Probleme verschärft sich. Einige der Neubürger könnten unser Land tatsächlich bereichern, so wie es bereits viele Asyl-Einwanderer vor ihnen geschafft haben. Andere, die voller Hoffnung auf ein besseres Leben zu uns gekommen sind, werden mehr oder weniger scheitern. Auch dafür gibt es in der Gegenwart genügend Beispiele. Man braucht kein biblischer Prophet zu sein, um eine zunehmende Arbeitslosigkeit, eine zunehmende Kriminalität, einen zunehmenden islamischen Extremismus und zunehmende Ghettos und Parallelgesellschaften durch die vielen Neuankömmlinge zu prognostizieren. So war es bereits in der Vergangenheit, und so wird in verschärfter Form unsere Zukunft geprägt. Im Sarrazin-Bestseller „Deutschland schafft sich ab“ wurde diese Entwicklung heftig kritisiert. Das Buch erschien bereits vor fünf Jahren im Handel. Nichts Neues also?

Neu ist die unglaubliche Dynamik dieser Entwicklung. Neu ist auch die aktive Rolle unserer Politiker. Früher war es den Politikern schlimmstenfalls gleichgültig. Heute befeuert unsere Bundeskanzlerin mit zahlreichen Einladungsgesten die Entwicklung, als würde sie von Extremisten, die unser Land zerstören wollen, dazu genötigt. Die öffentliche Kritik daran findet so gut wie nicht statt. Eine Opposition im Bundestag gibt es nicht. Warum auch? Die Regierung betreibt die Politik, wie sie von der extremen Linken und von den Grünen ohnehin gewünscht wird. Die wesentlichen Presseorgane sind somit fast alle auf Linie. Einzig ein paar außerparlamentarische Oppositionelle, die sich in der AfD gesammelt haben, sowie einige mutige Menschen, die ihre Kritik an der Regierung auf die Straße tragen, wollen bei der Willkommensparty nicht mitfeiern. Die besagten Presseorgane, die nicht mehr in der Lage sind, auch nur ein einziges kritisches Wort gegenüber der Regierung zu sagen oder zu schreiben, haben damit endlich ein Feindbild: das Volk, das heißt die einfachen Bürger, die nicht zum Machtregime gehören. Diese werden bekämpft, wie die (angeblichen) Hexen im finsteren Mittelalter. Was die Presse sich hier erlaubt, ist skandalös. Entsprechend wütend rufen die Regierungskritiker auf den Straßen „Lügenpresse“, womit sie immerhin als Schöpfer des Unwortes des Jahres 2014 ausgezeichnet wurden.

Das Wort „Lügenpresse“ ist meiner Ansicht nach viel zu harmlos. Der Begriff „Wahrheitspresse“ trifft die Sachlage viel präziser. Wie bei George Orwell im Roman „1984“ betreibt die Mainstream-Presse reine Propaganda im Sinne der Machthaber und verkündet den Menschen im Land teilweise unverschämte „Wahrheiten“. Manchmal sind es glatte Lügen, meistens sind es aber einfach nur asoziale und pauschale Beschimpfungen von Regierungsgegnern sowie das Weglassen von Tatsachen. Wie gleichgeschaltet die Presse ist, erstaunt immer wieder. Dazu ist nicht, wie zu preußischen Zeiten, eine Zensur notwendig, sondern die Vernetzung der Journalisten und ein ungeheurer Gruppenzwang regeln die Gleichschaltung von selbst.

Das Buch ist in drei Hauptkapitel untergliedert. Das erste Kapitel („Deutschland lädt ein“) befasst sich mit der Einladung und Aufforderung der Regierung an alle Menschen in der Welt, nach Deutschland illegal einzuwandern. Hier wird beschrieben, wie sich diese Einladung auswirkt und welche rechtlichen Widersprüche sich aus der Sicht eines Nichtjuristen ergeben. Im zweiten Kapitel („Debatte oder Propaganda?“) wird die Rolle der Presse näher beleuchtet und anhand von Beispielen entlarvt. Im dritten Kapitel („Was wird aus Deutschland?“) werden die möglichen Folgen dieser Politik beschrieben, wobei hier keine Untergangsstimmung verbreitet werden soll. Vielmehr geht es darum, Auswege aus der Krise zu finden und eine mögliche Umkehr hin zu einem besseren Deutschland aufzuzeigen.

Eine drohende Islamisierung soll hier nicht das Hauptthema sein und allenfalls am Rande angesprochen werden. Dazu gibt es auch genügend andere Literatur. Ich persönlich kann mir nicht vorstellen, dass Deutschland zu einem islamischen Kalifat umgebaut werden könnte. Mir ist aber bewusst, dass andere Menschen diese Bedrohung durchaus als real empfinden. Jeder Mensch empfindet anders. Die Zunahme des islamischen Extremismus ist allerdings nur von Einzeltätern abhängig und ist auch nicht angenehm für die Einheimischen. Diese Gefahr scheint auch mir real.

Migranten sind keine Flüchtlinge. Dass die Einwanderungs-Bewerber durchweg „Flüchtlinge“ genannt werden, ist ein Grundübel an der ganzen Geschichte. Es ist klar, dass damit knallharte politische Ziele verfolgt werden. Die Kritiker der Masseneinwanderung sollen damit mundtot gemacht werden. Wer gegen Flüchtlinge ist, sei ein Unmensch, so die Logik. Es geht aber gar nicht um Flüchtlinge, es geht um Menschen, die bei uns leben wollen. Das Problem an der von den Machthabern rücksichtslos betriebenen „Flüchtlings-Rhetorik“ ist die Unehrlichkeit. Das schadet natürlich der Opposition, aber es schadet auch den Menschen, die zu uns kommen. Da die „Flüchtlinge“ im Asylverfahren letztlich gar nicht anerkannt werden, mutieren sie automatisch zu Asyl-Betrügern, was zu entsprechendem Unmut in der einheimischen Bevölkerung führen könnte. Dabei sind die Migranten zwar keine Flüchtlinge, aber Menschen, die mit Würde und Respekt zu behandeln sind. Es wäre auch für sie viel besser, wenn sie „Einwanderungs-Bewerber“ genannt würden. Dann hätten sie ein legitimes Anliegen, das von Deutschland in einigen Fällen erfüllt werden könnte und in anderen Fällen nicht. Wer abgelehnt wird, muss wieder gehen (und dazu gezwungen werden).

Die Migranten sollen nicht kritisiert werden. Wenn Ankömmlinge hungern und frieren, krank sind oder kein Dach über dem Kopf haben, sollte man ihnen selbstverständlich helfen. Viele Deutsche sind sehr hilfsbereit. Wenn aber immer mehr kommen, wird diese Hilfsbereitschaft überreizt. Klar ist auch, dass die illegal eingereisten Migranten wieder gehen müssen. Das ist für die Betroffenen hart, haben sie doch sehr viel Geld für Schlepper bezahlt, um hier in Deutschland eine Zukunft zu suchen. Die Geldausgabe und auch die Reisestrapazen sind für die Betroffenen im Falle der Abschiebung eine Fehlinvestition. Dies müssen wir aber den Migranten zumuten, denn nur so kann das Geschäftsmodell der Schlepper trockengelegt und die Völkerwanderung beendet werden. Deutschland muss in diesem Sinn eine entschlossene Politik zum Nutzen seiner Bürger betreiben und könnte dabei die potentiellen Einwanderer nach klaren Regeln fair behandeln. Leider ist unser derzeitiges Machtregime von einem derartigen Vorgehen weiter entfernt als die Erde vom Mond. Familien aus fernen Ländern das Visum zu verweigern, und stattdessen Männern die illegale Einreise unter Zuhilfenahme von kriminellen Schlepperorganisationen zu empfehlen, ist alles andere als human. Besser wäre es, die Einwanderung zu steuern und vor allem zu begrenzen und den illegalen Weg trockenzulegen. Das Problem ist, dass unsere Regierung dazu kein Rückgrat hat.

Wie sie schon erkennen können, wird hier Klartext geschrieben. Nichtssagendes Politikergeschwafel gibt es in der Medienlandschaft mehr als genug. Die inhaltliche Debatte muss von der Verhaltensebene getrennt werden. In der Sache zählen nur die Argumente, persönliche Angriffe sind schädlich. Wenn aber die Gegenseite persönlich wird, dann muss man dieses Verhalten thematisieren und persönlich Kontra geben. In diesem Buch wird das asoziale Verhalten der polit-medialen Elite immer wieder thematisiert und heftig kritisiert. Dabei kocht auch schon einmal die Wut hoch, und die Gegenangriffe könnten etwas unhöflich wirken. Kritik am Verhalten muss natürlich immer persönlich, sollte aber nicht verletzend sein. Oft ist es eine schwierige Gratwanderung. Ich hoffe, dass ein geeigneter Ton getroffen wurde. Juristische Perfektion kann man nicht erwarten. Es sind subjektive Ansichten eines einzelnen Bürgers, die sich auf Recherchen im Internet und auf zahlreiche Gespräche und Diskussionen mit anderen Bürgern stützen. Irrtümer und falsche Einschätzungen sind dabei nicht ausgeschlossen. Als ein Einstieg in die bisher verweigerte, aber dringend notwendige Debatte könnte es hilfreich sein. Als freiheitsliebender Mensch möchte ich niemandem etwas aufzwingen. Jeder hat das Recht auf seine eigenen individuellen Ansichten. Auch die inhaltlichen Positionen der Grünen sind berechtigt und müssen in die Debatte eingebracht werden. Leider verwenden die Grünen aber nicht immer faire Methoden und zwingen ihre Ansichten mit totalitärem Verhalten den Bürgern auf. Dieses Buch soll dabei helfen, die Sensibilität für bestimmte Aspekte zu schärfen. Viel Spaß beim Lesen!

Joachim Kuhnle
im November 2015

Kapitel 1 – Deutschland lädt ein

Wenn man unsere Politiker so reden hört oder man deren Propagandaorgane liest, dann soll man glauben, dass die derzeitige Völkerwanderung so etwas wie ein Naturereignis sein soll, deren Folgen zwar eine hohe Anstrengung erfordern, aber gegen die man ansonsten nichts machen kann. Manchmal wagt auch ein Protagonist, ganz vorsichtig von Ursachen zu sprechen oder zu schreiben, allerdings nur um unsere Ohnmacht gegen die Ereignisse herauszustreichen. Als Ursachen werden bewaffnete Konflikte, wirtschaftliche Probleme und mangelnde Sozialsysteme in fernen Ländern genannt. Jeder weiß, dass es naiv ist, zu glauben, dass es in absehbarer Zeit eine Welt ohne Konflikte und Probleme, ohne Hunger und Armut geben könnte. Im übrigen gab es auch in der Vergangenheit eine solche heile Welt nie. Dass das kleine Deutschland alle Probleme der Welt lösen könnte, scheint zudem größenwahnsinnig. Deutschland ist dafür nicht verantwortlich und auch nicht zuständig.

Es könnte einen das Gefühl beschleichen, dass diese Art der Betrachtungsweise dazu dienen soll, die Schuld bei uns zu suchen. Deutschland ist immer schuld, so wird es mitunter in den Schulen gelehrt. Es ist wahr, die Nationalsozialisten haben schlimme Verbrechen begangen. Deshalb aber einen ewigen Schuldkomplex zu fordern, führt nur zu einem ungesunden Volksempfinden, das letztlich auch den anderen Nationen mehr schadet als nützt. Wir Deutschen brauchen uns auch nicht für unseren Reichtum zu schämen. Unseren Wohlstand haben wir in erster Line unserem Fleiß, gepaart mit Erfindungsreichtum, zu verdanken. Sicherlich geht es in der internationalen Wirtschaftspolitik nicht immer fair und gerecht zu. Gegen diesbezügliche Verbesserungsvorschläge wäre auch nichts einzuwenden. Die generelle Formel aber, dass wir an allem Elend der Welt schuld seien, ist unbedingt abzulehnen.

Darüber hinaus sollte man sich fragen, warum gerade jetzt, im Jahr 2015, die Völker-wanderung derart biblische Ausmaße annimmt. Sind die Konflikte und das Elend in der Welt heute besonders übel? Ist der dritte Weltkrieg plötzlich ausgebrochen? Nein! Die Welt ist so gut oder so schlecht wie immer. Es gab kein besonderes außereuropäisches Ereignis, das die Wanderungsbewegungen ausgelöst haben könnte. Wer die Ursache der Krise außerhalb Europas sucht, landet im Irrgarten. Nur ein Ereignis scheint ein wenig beachtenswert: Die UN haben innerhalb kurzer Zeit die Mittel für die Flüchtlingslager rund um Syrien drastisch reduziert und damit absichtlich und vermutlich mit strategischem Zweck die Menschen aus diesen Lagern vertrieben. Welcher Zweck dies sein soll, bleibt unklar. Soll damit Europa vorsätzlich destabilisiert werden? Wer würde davon profitieren? Wir wollen diese Fragen offen lassen.

Nur ein kleiner Teil der Migranten stammt aus Syrien. Nach offiziellen Angaben der Migrationsämter haben etwa 20 bis 25 Prozent der Asylbewerber einen syrischen Pass. Die Menschen, die zu uns kommen und bei uns leben möchten, kommen aus vielen Teilen der Welt, insbesondere aus Afrika, dem Nahen Osten, dem Fernen Osten und vom Balkan. Sie alle machen sich auf ins vermeintlich reiche Europa. Die eigentliche Ursache dieser Völkerwanderung hat einen schlichten Grund: Wir Europäer und insbesondere wir Deutschen lassen dies zu. Wir wehren uns nicht. Wenn jemand vor sein Haus ein großes Schild aufstellt mit dem Spruch „Einbrecher willkommen!“ und dann Tag und Nacht die Türen offen lässt, dann werden die Einbrecher auch kommen und sich bedienen. Viele Menschen fragen sich, warum Deutschland sich so irrational verhält. Das ist eine gute Frage, die mit diesem Buch leider nicht beantwortet werden kann.

Das fiktive Einladungsschreiben – Ein verlockendes Angebot

Liebe Weltbürger,

die Welt ist ungerecht. Manche Menschen sind reich, andere sind arm. Das darf nicht sein. Wenn Ihr zum ärmeren Teil der Menschen gehört, haben wir ein Angebot für Euch. Kommt alle nach Deutschland! Deutschland ist ein sehr reiches Land. Jeder bekommt hier bei uns kostenlos eine Wohnung gestellt. Unter einer Wohnung verstehen wir nicht irgendeine billige Hütte, sondern ein Zuhause, in dem man sich wohlfühlen kann. Fließend Wasser, TV-Anschluss und Zentralheizung sind selbstverständlich. Schaut Euch am besten eine Folge der Krimiserie Derrick an, dann seht Ihr, wie wir hier so wohnen. Jeder, der zu uns kommt, wird sofort vollversorgt. Neben der Wohnung werden auch Essen und Kleider gestellt. Dazu gibt es für eine Familie mit zwei Kindern 400 Euro Taschengeld im Monat bar auf die Hand und unmittelbar nach Eurer Ankunft im Voraus. Bei mehr Kindern gibt es natürlich auch mehr. Nach drei Monaten bekommt ihr einen Anspruch auf den vollen Sozialhilfesatz, das heißt die Geldleistungen werden nochmals erhöht.

Was Ihr machen müsst, erklären wir gerne in allen Sprachen. Ihr müsst nur zu uns kommen und einen Asylantrag stellen. Wegen des hohen Andrangs kann es eine Weile dauern, bis der Antrag bearbeitet wird. Vermutlich wird der Asylantrag abgelehnt, aber das ist egal. Am besten, Ihr klagt gegen den Bescheid (das kostet nichts), dann dürft Ihr bleiben. Wird der Asylantrag endgültig abgelehnt, ist es auch kein Problem. Wenn Ihr aus einer Krisenregion, zum Beispiel aus Syrien, kommt, dann dürft Ihr in jedem Fall auf Dauer bleiben, denn mit Syrern (wahlweise auch mit Afghanen, Eritreern, und so weiter) haben wir immer Mitleid, dort ist schließlich so etwas wie Krieg. Wenn Ihr nicht Syrer seid, könnt Ihr Euch auf dem Schwarzmarkt einen syrischen Pass besorgen oder ganz ohne Ausweispapiere einreisen. Wenn wir nicht herausbekommen, woher Ihr kommt, können wir Euch auch nicht mehr abschieben. Wenn Ihr dann hier bei uns lebt, könnt Ihr auf unsere Kosten Sprachkurse besuchen. Wir werden alles tun, um Euch ein erfolgreiches Leben in Deutschland zu ermöglichen. Auch Analphabeten sind willkommen. Wir bringen jedem alles bei. Wer möchte, kann Zahnarzt werden, oder etwas anderes. Die Ausbildung bezahlt immer der Staat, der kostenlos und unbegrenzt Kredit bekommt. Bei uns gilt die freie Berufswahl. Wer keine Lust hat oder erfolglos bleibt, kann sich auf unser Sozialsystem verlassen.

Selbstverständlich dürft ihr Euch auch kulturell entfalten. An unsere Gesetze solltet Ihr Euch natürlich halten, falls Ihr das Juristendeutsch versteht. Aber keine Angst, Verstöße haben keinen Einfluss auf Euer Bleiberecht. Wir würden Euch nur freundlich bitten, es mit der Gewalt nicht zu sehr zu übertreiben. Vergewaltigung und Mord könnten bei unseren Primitivmenschen eine Ausländerfeindlichkeit hervorrufen, und dies wollt Ihr doch sicherlich nicht. Wir wünschen uns unbedingt eine Verbreitung des Islam, der zu Deutschland gehört, aber leider noch zu wenig sichtbar ist. Ihr seid unsere einzige Hoffnung. Saudi-Arabien hat bereits das Geld für den Bau von 200 Moscheen in Deutschland zugesagt. Kommt bitte schnell und zahlreich!

Ein kleines Problem möchte ich Euch nicht vorenthalten. Wenn Ihr mit dem Flugzeug kommen wollt, geht das nicht. Wir sind schließlich ein Rechtsstaat, und die illegale Einreise per Flugzeug ist nicht gestattet. Überhaupt ist die Reise nach Deutschland verboten. Sucht daher bitte illegale Wege. Wendet Euch vertrauensvoll an Schlepperorganisationen, die bringen jeden nach Deutschland. Wir werden von unserer Seite gegen die Schlepper kämpfen, denn diese sind sehr böse und kriminelle Unmenschen, die den Rechtsstaat unterhöhlen wollen. Ihr aber seid hilfsbedürftig und verdient unseren Respekt, wenn Ihr bereit seid, Euch diesen bösen Schleppern anzuvertrauen. Die Reise könnte gefährlich werden. Wir können nicht ausschließen, dass Ihr dabei qualvoll ums Leben kommt, zum Beispiel durch Ertrinken im Meer. Aber wer nicht wagt, der gewinnt nicht. Habt Zuversicht! Die meisten werden es lebend bis nach Deutschland schaffen. Wenn nicht, verwenden wir die Bilder von Ertrunkenen sehr gerne, um hier noch mehr Werbung für eine Willkommenskultur zu machen.

Leider gibt es bei uns vereinzelt durchaus Widerstand gegen die unbegrenzte Aufnahme von Fremden. Mit den Bildern von Euren Leichen können wir diese Nörgler in die Schranken weisen. Wer beim Anblick von Toten immer noch kein Mitgefühl für Euch empfindet, ist kein Mensch mehr, das heißt, wir brauchen dann auf Menschenrechte keine Rücksicht mehr zu nehmen. Dieses „Pack" wird dann einfach weggesperrt und isoliert. Wer von Euch ertrinkt, stirbt sozusagen für den guten Zweck gegen rechts. Wenn Ihr überlebt (was in der Regel der Fall sein wird) und bei uns ankommt, werdet Ihr mit Jubel aufs Herzlichste empfangen und sollt Euch bei uns wie im Paradies fühlen. Diese Aussicht sollte doch die Reisestrapazen erträglich machen, oder? Wir hoffen, Ihr kommt so zahlreich wie irgend möglich. Es reicht, wenn ein Familienmitglied kommt. Die Familienangehörigen dürfen dann in unbegrenzter Zahl ganz offiziell nachkommen, dann auch mit Visum per Flugzeug. Über Zuschüsse für die Reisekosten können wir reden. Selbstverständlich gilt dies auch für mehrere Ehefrauen (im Islam darf man ja viele davon haben) und deren Kinder. Unser reiches Land wird für jeden sorgen. Gepriesen sei unsere heilige Regierung der Barmherzigkeit!

In freudiger Erwartung,

Euer relevanter politischer Einheitsbrei aus Helldeutschland, staatlich geprüft auf politische Korrektheit, Linksgesinnung und Anständigkeit

Satire oder Wirklichkeit?

Das fiktive Einladungsschreiben ist eine bitterböse Satire. Sie stellt die Dinge übertrieben dar. Satire ist immer so bösartig. Das ist notwendig, um durch die Überspitzung das Fehlverhalten der Handelnden deutlich zu machen. Das Fehlverhalten ist aber die Wirklichkeit. Somit wird die Wirklichkeit mit dem fiktiven Einladungsschreiben genussvoll herausgestrichen.

Tatsächlich verteilt der Staat auf Steuerzahlerkosten Broschüren in vielen Sprachen. Durch die Verbreitung im Internet werden auf diese Weise viele Menschen zu uns gelockt. Darüber hinaus wird bestimmten Staatsbürgern ein Bleiberecht versprochen. Dass dies dazu führt, dass viele Pässe entsprechend gefälscht werden, liegt auf der Hand.

Ein anderer Aspekt sind die ungeheuren Kosten, die durch die Millionen von Zuwanderern den Steuerzahlern aufgebürdet werden. Es wird immer so getan, als sei dieses Geld einfach da. „Das bezahlt der Bund“, so ein Spruch. Wer ist denn der Bund? Das Geld wird den Bürgen auf verschiedene Arten aus der Tasche gezogen, so dass es möglichst niemand sofort bemerkt. Auf der einen Seite spart der Staat das Geld an anderer Stelle ein. Für Straßen, Brücken, Schulen, Sportplätze, Service und so weiter sind dann einfach weniger Mittel frei. Zweitens wird durch staatliche Kredite einfach mehr Geld geschaffen. Die Zinsen sind praktisch Null, aber die Schulden steigen trotzdem. Durch das neu gedruckte Geld wird das bisherige Geld der Bürger natürlich immer weniger wert. Dadurch verarmen die Menschen, auch wenn das verfügbare Geld nominal nicht weniger wird. Es wird einfach alles immer teurer. Die dritte Methode ist die sogenannte kalte Progression. Kleine Gehaltserhöhungen oder Verdienste aus zusätzlichen Nebentätigkeiten machen den Steuerzahler zu einer offiziell reicheren Person, auch wenn der Mehrverdienst nur die Inflation ausgleicht. Dadurch steigt der Steuersatz, und der Staat langt unverhältnismäßig kräftiger in die Taschen der Steuerzahler. Kurzum – durch die Zuwanderung und die damit verbundenen immensen Kosten verarmt die einheimische Bevölkerung immer mehr. Behauptungen der Wahrheitspresse, die Zuwanderer würden den Reichtum der einheimischen Bevölkerung mehren, sind eine glatte Lüge.

Ein weiterer Punkt ist die für viele Deutsche völlig abartige Praxis, dass kriminelle Handlungen der Einwanderungs-Bewerber sich nicht auf das Aufenthaltsverfahren auswirken. Ein hoher Stuttgarter Kriminalkommissar erzählte vor 30 Jahren, dass Deutschland das einzige Land der Welt sei, in das man fünf Kilogramm Heroin einschmuggeln kann und auch wenn man dabei erwischt wird ein Asylverfahren erfolgreich durchlaufen könnte. Tatsächlich sind sogar Mord und Vergewaltigung keine Gründe für eine Abschiebung. So steht es im Gesetz. Natürlich könnte man Gesetze ändern, wenn man es wollte. Man will es aber nicht. Warum eigentlich nicht?

„Der Islam gehört zu Deutschland", sagte einst der Bundespräsident a.D. Christian Wulff. Man könnte an dieser Stelle spitzfindig sein und sagen, dass in Deutschland viele Muslime leben, aber Deutschland sich nicht über den Islam definiert, sondern über christliche Traditionen. Sei es drum. Es ist eine Tatsache, dass in Deutschland viele Muslime wohnen und einige davon auch deutsche Staatsbürger sind. Dies muss man so hinnehmen, denn in einer freien Gesellschaft darf jeder seine Religion frei wählen. Man muss aber auch einräumen, dass die Verbreitung des Islam in Deutschland zum größten Teil importiert und damit vorsätzlich herbeigeführt wurde. Dadurch, dass man jahrzehntelang die Einwanderung muslimischer Menschen gefördert hat, ist diese Glaubensrichtung bei uns so stark verbreitet. Manche mögen dies als Bereicherung empfinden. Eine Schwarz-Weiß-Sicht ist wie immer nicht angebracht. Man sollte allerdings auch nicht die Augen vor den Problemen verschließen, die durch die unter-schiedlichen Religionsgemeinschaften entstehen. Das wichtigste Argument scheint dabei das Problem der Integration. Wenn in einem christlich geprägten

Land ausländische Christen einwandern, dann können diese in den Kirchengemeinden sofort menschliche Kontakte knüpfen. Das gemeinsame Werteverständnis ist immer ein verbindendes Element, das die zwischenmenschliche Kommunikation fördert und ein Zusammenleben erleichtert. Durch die massenhafte Zuwanderung von Muslimen wird hingegen das gesellschaftliche Zusammenleben von Einheimischen und Einwanderern erheblich erschwert. Dies betrifft nicht nur die Begegnungen am Sonntag. Unterschiedliche Vorstellungen von den Rollen der Geschlechter führen zum Beispiel dazu, dass die Einwanderer durch viele Generationen im wesentlichen unter sich bleiben. Vor diesem Hintergrund ist es unfassbar, dass viele Politiker es ausdrücklich begrüßen, wenn besonders viele Muslime einwandern. Warum? Nur ein Schelm vermutet Böses dahinter.

Der größte Irrsinn ist aber die mit der Migrationsschwemme einhergehende moralische Begründung, die mindestens als scheinheilig bezeichnet werden könnte. Die Befürworter der unbegrenzten Zuwanderung nehmen für sich in Anspruch, besonders mitmenschlich zu sein. Schließlich müsse man doch den armen „Flüchtlingen" helfen. Schnell kommt man mit angeblichen Menschenrechten daher, mit dem Asylrecht oder mit UN-Flüchtlingskonventionen. Dazu muss man deutlich sagen, dass Einwanderungs-Bewerber kein Recht auf Asyl haben und auch keine Flüchtlinge im Sinne von Menschenrechtskonventionen sind. „Flüchtlinge" sind Menschen, die verfolgt werden. Auf der Reise von Pakistan nach Deutschland (Beispiel) wird niemand von irgendwem verfolgt. Die Völkerwanderer sind folglich keine Flüchtlinge. Jede Grenzüberquerung ist ein illegaler Akt. Daher blüht auch das Schlepperwesen, mit dem die vielen Menschen zu uns geschmuggelt werden. Im Fernsehen werden dann Einheimische gezeigt, die auf den Bahnsteigen klatschen und „Refugees Welcome"-Schilder hochhalten. Was sind das für Politiker, die am liebsten gerne mitklatschen würden und gleichzeitig den Zuwanderern eine lebensgefährliche und teure Reise zumuten, indem sie den Menschen das Einreisevisum in den deutschen Konsulaten verweigern? Sie verbieten diesen Menschen die Einreise nach Deutschland, und wenn sie trotz Verbots kommen, dann klatschen sie Beifall. Warum? Natürlich würden, wenn man die Visumspflicht abschaffen würde, noch mehr Zuwanderer kommen. Aus diesem Grund gibt es ja die Visumspflicht. Warum aber verhindert man dann nicht die unerlaubten Grenzübertritte, sondern jubelt auch noch? Wer soll das verstehen?

Besonders perfide ist es, wenn Todesopfer für die politischen Ziele missbraucht werden. Ein besonders schlimmes Beispiel war ein ertrunkenes Kind, dessen Bild in fast allen Zeitungen zu sehen war. Dieses tote Kind wurde sogleich den Gegnern der Massenzuwanderung um die Ohren gehauen, als ob diese dafür verantwortlich wären. Das Problem sind die Machtverhältnisse. Die mächtigen Massenzuwanderungsbefürworter, die faktisch die Presse vollständig beherrschen, nutzen die emotionale Sprachlosigkeit der Bürger angesichts solcher Bilder zur brutalen Unterdrückung Andersdenkender. Dabei sind gerade die Regierungen, die die illegale Völkerwanderung am Laufen halten, selbstverständlich mitverantwortlich für solche Todesfälle und nicht deren Kritiker. Die aktuell praktizierte Migrationspolitik soll nachfolgend einmal näher untersucht werden.

Asyl, Flucht oder Einwanderung – Kennen Sie den Unterschied?

Die Lage – Missbrauch des Asylrechts

Seit der Bundesinnenminister Thomas de Maizière verkündete, dass 2015 statt 400.000 schätzungsweise 800.000 (in Wirklichkeit sind es noch mehr) neue Asylbewerber nach Deutschland strömen würden, wird von den Altparteien und deren treuen Systemmedien pausenlos beschworen, dass man sich nun anstrengen müsse, um die damit verbundenen Aufgaben zu bewältigen. Deutschland könne das, so dröhnt es auf allen staatlichen Rundfunkkanälen. Man wird nicht müde, die große Hilfsbereitschaft der Deutschen zu loben. Wer danach fragt, warum so viele Menschen illegal einreisen, hat schon verloren und droht in die fremdenfeindliche rechte Ecke verbannt zu werden. Zum „Glück“ (möglicherweise ist es auch ein Unglück) hat die Bundeskanzlerin Angela Merkel klargestellt, dass man Kritik an der eigenen Politik nicht dulden werde. Wo hat sie solche Sprüche gelernt? Bei der Stasi? Egal – mit einer freien Gesellschaft haben solche Drohungen nichts gemein.

Um die Lage zu verstehen, muss man erst einmal differenzieren (unterscheiden) wollen. In der Wahrheitspresse wird stets von „Flüchtlingen“ berichtet. Gemeint sind Asylbewerber. Im Regelfall (Ausnahmen mag es geben) ist der Asylbewerber kein Flüchtling. Das Asylgesetz wurde geschaffen, um politisch bekämpften Einzelpersonen, vorzugsweise aus totalitären Nachbarländern, Schutz (Asyl) anbieten zu können. Mit der derzeitigen Praxis hat dies überhaupt nichts zu tun. Das Asylrecht wird absichtlich zweckentfremdet, um eine (von gewissen politischen Kreisen gewollte) massenhafte Einwanderung von illegal eingereisten Nicht-EU-Bürgern nach Deutschland zu ermöglichen. Für diese Praxis sind unsere Regierungen zu 100 Prozent verantwortlich. Man braucht sich nicht zwingend zu den Anhängern von Adolf Hitler zählen, wenn man den offensichtlichen Asylmissbrauch kritisiert und für verantwortungslos hält. Die heutigen Machthaber sind allerdings anderer Meinung und schwingen die Nazikeule, so oft es geht. Das ist nicht gerade die feine Art.

Die vielen illegal Einreisenden sind, wie erwähnt, eigentlich Einwanderungs-Bewerber. Deutschland bietet nur wenige Möglichkeiten zur legalen Einwanderung. In der Regel sind ein hoher Bildungsgrad und eine gut bezahlte Stelle Voraussetzung. Darüber hinaus gibt es Möglichkeiten über den Nachzug von Familienangehörigen, wenn ein Mitglied der Familie bereits in Deutschland legal wohnt. Offenbar gab es bisher keine parlamentarische Mehrheit, einen legalen Einwanderungsweg für jedermann zu schaffen. Auf der anderen Seite scheinen nahezu alle Bundestagsabgeordneten die unbegrenzte Aufnahme aller einreisewilligen Menschen dieser Welt unbedingt zu wollen. Warum dies so ist und warum sich niemand dazu so offen (in Form von Gesetzesvorschlägen) bekennen möchte, bleibt ein Rätsel. Also duldet und fördert man ganz bewusst den Missbrauch des Asylrechts. Der Einwanderungs-Bewerber sagt nach seiner illegalen Einreise das Zauberwort „Asyl“, und schon hat er (angeblich) einen Anspruch auf ein aufwendiges Rechtsverfahren und darf erst einmal in Deutschland bleiben. Dass es einen solchen Anspruch auch dann gibt, wenn es offensichtlich ist, dass kein Asyl gewährt werden kann, ist absurd. Politiker, die behaupten, dass man da nichts machen könne, wollen scheinbar nichts machen. Wenn die Gesetze tatsächlich so unsinnig und für Deutschland schädlich sind, dann muss man sie eben ändern. So einfach ist das.

Asyl – Schutz für verfolgte Einzelpersonen

Das Asylrecht wurde geschaffen, um von ausländischen Regimen persönlich verfolgten Oppositionellen eine Schutzmöglichkeit zu gewähren. Das Beispiel Snowden könnte hierzu passen, aber ausgerechnet in diesem Fall gibt sich die deutsche Regierung völlig zugeknöpft. Stattdessen ermuntert man jeden illegalen Eindringling, einen Asylantrag zu stellen, womit das Asylrecht mit Füßen getreten wird. Das Asylrecht ist auch nicht für Kriegs- oder Bürgerkriegsflüchtlinge gedacht, sondern nur für wenige Einzelpersonen. Kein Land der Welt, auch nicht Deutschland, ist verpflichtet, solche (Kriegs-) Flüchtlinge aus aller Herren Länder aufzunehmen. Mit einem solchen Recht würde jedes Land seine eigene Existenz zerstören. Unsere Politiker und Systemmedien wollen aber genau das der Bevölkerung verkaufen. Dies kommt einer Kriegserklärung an das eigene Land gleich.

Dass als Asylgrund die Flucht vor Kriegen oder Bürgerkriegen nicht taugt, ist nur ein Aspekt. Ein weiteres Problem kommt noch für die Asylbewerber hinzu: Falls jemand wirklich individuell schutzbedürftig ist, muss er seinen Asylantrag in dem Land zuerst stellen, das ein funktionierendes Asylrecht hat und das er zuerst betreten hat. Über diese Regelung werden fast alle Asylanträge abgebügelt. Damit wird die Verwaltung entlastet und muss nicht die vorgegebenen Asylgründe prüfen. Da alle Länder rund um Deutschland sicher sind, ist die Rechtslage glasklar. Von den absichtlich illegal Einreisenden hat so gut wie niemand einen Anspruch auf Asyl, so wie es im Grundgesetz verankert ist. Gemäß dem zuständigen bayrischen Staatsministerium wurden von Januar bis September 2015 ganze 47 (bitte diese Zahl genau lesen!) Asylanträge positiv bewilligt. Die Anerkennungsquote wird mit 0,2 Prozent beziffert. In den anderen Bundesländern sieht es ähnlich aus. Zwar stellen viele der illegal eingereisten Menschen einen Asylantrag, aber praktisch erhält so gut wie niemand Asyl. Warum dennoch so viele Antragsteller bleiben dürfen, wird später behandelt. Der Vorwurf an die Kritiker der „Flüchtlings“-Politik lautet oft, es seien Verfassungsfeinde, die das im Grundgesetz formulierte Asylrecht abschaffen wollen. Solche Verfassungsfeinde seien Rechtsextremisten, die mit aller Gewalt persönlich bekämpft werden müssten. In Wirklichkeit spielt das Grundrecht auf Asyl in der derzeitigen Krise überhaupt gar keine Rolle.

Flüchtlinge

Auch wenn es kaum bekannt ist: Deutschland nimmt auch großzügig echte Flüchtlinge auf. Diese werden auch „Kontingentflüchtlinge" genannt. Das Prozedere funktioniert wie folgt: Deutschland sagt zu, dass es im Rahmen einer humanitären Aktion bereit ist, eine gewisse Anzahl von Flüchtlingen aufzunehmen. Die Auswahl der Flüchtlinge erfolgt in den Flüchtlingslagern der Nachbarstaaten der Krisenländer. Familien und gut ausgebildete Menschen werden bevorzugt. Die Ausgewählten erhalten umgehend eine Aufenthalts- und Arbeitserlaubnis und werden mit Flugzeugen abgeholt und nach Deutschland gebracht. Einen Asylantrag müssen diese Menschen nicht stellen. Sie können sofort dezentral untergebracht und in die Gesellschaft integriert werden. Diese wirklichen Flüchtlinge sind nicht der Zankapfel der Debatte. Gegenüber den Asylbewerbern haben die Flüchtlinge viele Vorteile. Es sind nicht überwiegend Männer, sondern Familien, die aufgenommen werden. Durch die Auswahl im Ausland kann man darauf achten, dass es sich wirklich um besonders hilfsbedürftige Menschen handelt. Viele Probleme, die durch die unkontrollierte illegale Einwanderung entstehen, sind hier weniger zu erwarten. Aus Syrien hat Deutschland bereits 10.000 solcher Flüchtlinge aufgenommen. Warum haben unsere gütigen „Lichtgestalten" dieses Kontingent nicht erhöht? Vermutlich nicht, weil das Wahlvolk es nicht honorieren würde. Zur Information: Deutschland hat bereits innerhalb der EU mit Abstand die meisten (echten) Flüchtlinge aufgenommen. Warum, so könnten sich die Wähler fragen, sollte man dieses Kontingent noch weiter steigern? Sollen doch erst einmal die anderen Länder gleichziehen! So denkt die Mehrheit und dies muss man in einer Demokratie akzeptieren!

An dieser Stelle kommt von den Überflutungs-Befürwortern immer schnell ein besonderes Totschlagargument: Die

Türkei, der Libanon und Jordanien hätten bereits Millionen von syrischen Flüchtlingen aufgenommen. Deutschland soll sich daher nicht so anstellen. Diese Argumentation ist allerdings extrem verlogen, denn es ist selbstverständlich, dass Kriegsflüchtlinge in die Nachbarländer fliehen. Die betroffenen Länder erhalten bei der Bewältigung der Flüchtlingsprobleme internationale Hilfen, insbesondere von den Vereinten Nationen. Darüber hinaus ist es auch sinnvoll, den Flüchtlingen möglichst heimatnah zu helfen, damit sie, wenn die Lage sich in ihrem Land beruhigt, wieder schnell zurück können. Außerdem ist es viel einfacher, wenn die Flüchtlinge im eigenen Kulturkreis bleiben. Mit den Libanesen und Jordaniern teilen die Syrer die gleiche Sprache, die gleiche Schrift und die gleiche Religion. Das viele Geld, das wir derzeit für die zu uns kommenden Menschenmassen ausgeben, könnte man in der Nähe der Krisenherde viel effizienter einsetzen.

Das Land, in dem Milch und Honig fließen

Falsche Hoffnungen – Duldung statt Anerkennung

Die vielen Menschen, die derzeit nach Deutschland strömen, wollen mehrheitlich auf Dauer in Deutschland leben, das heißt einwandern. Sie wollen für sich und für die in den Heimatländern zurückgebliebenen Angehörigen ein dauerndes Bleiberecht, einschließlich Arbeitserlaubnis. Dies wird in diversen Interviews immer wieder deutlich. Ginge es den Menschen ausschließlich um Schutzsuche, dann bräuchten sie nicht die weite und riskante Reise nach Deutschland antreten, bei der in der Regel sehr viel Geld an Schlepperorganisationen bezahlt werden muss. Außerdem würden sie nicht ihre Angehörigen zurück lassen, wie es viele der sogenannten Flüchtlinge scheinbar tun.

Das Interesse, in Deutschland ein neues, besseres Leben anzustreben, ist selbstverständlich legitim. Deutschland ist in den Augen vieler Menschen dieser Welt das reiche Land, in dem Milch und Honig fließen. Ob sich für jeden auch alle Träume verwirklichen lassen, sei dahingestellt. Manch einem Asylbewerber der Vergangenheit ist es tatsächlich gelungen, ein passables Leben in Deutschland aufzubauen. Im staatlichen Rundfunk wird beinahe täglich über solche positiven Beispiele berichtet. Damit soll der einheimischen Bevölkerung weisgemacht werden, dass alles „Friede, Freude, Eierkuchen" ist und dass man die Völkerwanderer generell als Bereicherung empfinden solle. Im Zeitalter des Internets verbreiten sich solche Botschaften leider auch in Windeseile weltweit und animieren zunehmend Millionen von Menschen, sich auf den Weg nach Deutschland zu machen, um das persönliche Glück zu suchen. Natürlich gäbe es auch negative Beispiele, aber solche zu senden ist quasi verboten. Einen illegal Einreisenden als „Flüchtling“ zu bezeichnen, ist schlichtweg falsch. Hierher flüchtet niemand. Wer aus einem Kriegsgebiet (sagen wir aus Syrien) flieht, der hat sich spätestens in der Türkei oder im Libanon gerettet. Wer von dort weiter ins ferne Deutschland wandert, der ist in der Regel kein Flüchtling mehr, sondern ein absichtlich Reisender. Die Motivation dieser Reise scheint nicht die Flucht, sondern die Anziehungskraft des Landes, in dem angeblich die besagte Milch mit dem leckeren Honig gesüßt ist. Manche sprechen in diesem Zusammenhang zwar von „Wirtschaftsflüchtlingen“, aber so etwas gibt es nicht. Auch viele Deutsche wandern in fremde Länder aus. Sie versprechen sich im Ausland eine verbesserte Lebensperspektive. Kein Auswanderer käme auf die Idee, sich „Flüchtling“ zu nennen. Wirtschaftliche Not ist in vielen Fällen ein Auswanderungsgrund, aber kein Fluchtgrund. Flucht setzt Verfolgung voraus.

Wie erwähnt, werden von unseren Überflutungs-Phantasten Möglichkeiten zur illegalen Einwanderung über den Missbrauch des Asylrechts geschaffen. Dies funktioniert wie folgt: Die absichtlich illegal Einreisenden stellen zunächst einen Asylantrag. Damit erwerben sie ein kostenloses Rundum-Sorglos-Paket, das heißt Unterkunft, Verpflegung, medizinische Versorgung und Taschengeld gibt es auf Steuerzahlerkosten. Obwohl dies für die Zuwanderungs-Bewerber verlockend klingt, ist die Realität eher düster. Die Asylbewerberunterkünfte sind oft überfüllt und recht ungemütlich. Die Menschen dürfen nicht reisen und nicht arbeiten. Die Wartezeit bis zur ersten Entscheidung ist für die Betroffenen zermürbend. Durch das Arbeitsverbot kommt schnell Langeweile auf. Vielfach kommt es zu Konflikten, die manchmal in Gewalt eskalieren. Viele haben sich Milch und Honig schöner vorgestellt. Wenn die Entscheidung über den Asylantrag endlich eintrifft, kommt es für die Betroffenen meistens noch dicker: Der Asylantrag wird (wie erwähnt in fast allen Fällen) abgelehnt.

In der Regel werden viele abgelehnte Asylbewerber allerdings weiterhin geduldet und erhalten den Hartz-IV-Satz. Eine Arbeitserlaubnis ist damit allerdings noch nicht verbunden. Gegen die Entscheidung der Ablehnung kann man dann Berufung einlegen. Dies bedeutet erneutes Warten. Ist der Asylantrag endgültig abgelehnt, droht die Ausweisung. Allerdings wird bereits mit der Asylentscheidung geprüft, ob eine Ausweisung und letztlich eine Abschiebung praktisch möglich ist. Nach der bereits erwähnten Statistik des bayrischen Ministeriums erhalten etwa ein Drittel der Antragsteller einen sogenannten „Flüchtlingsschutz", das heißt, sie dürfen sich weiterhin in Deutschland aufhalten. Sie werden geduldet, so der Fachbegriff. Sie erhalten dann in der Regel irgendwann auch eine Arbeitserlaubnis und dürfen ihre Angehörigen ins Land holen. Die Gründe der Duldung können vielfältig sein. Wer die Zahlen genau betrachtet, stellt jedoch fest, dass der Reisepass das entscheidende Kriterium zu sein scheint. Asylbewerber mit einem Pass aus Syrien, aus dem Irak oder aus Eritrea werden zu nahezu 100 Prozent geduldet. Asylbewerber vom Balkan hingegen erhalten so gut wie nie den begehrten Status. Der Prozentsatz der geduldeten Asylbewerber stieg in den letzten Jahren rapide an. Das mag auch daran liegen, dass die Asylbewerber durch die Vernetzung mit Smartphones genau wissen, welchen Pass man braucht, um in Deutschland bleiben zu dürfen. Wer keinen solchen Pass hat, stellt möglicherweise gar keinen Asylantrag, sondern taucht gleich in die Illegalität ab.

Warum dürfen alle Einreisenden aus Syrien, aus dem Irak oder aus Eritrea in Deutschland bleiben? Das Problem ist, dass man niemand in die Kriegsgebiete nach Syrien zurückschicken kann. Eine Ausweisung in die Lager in der Türkei oder im Libanon wird auch nicht in Erwägung gezogen, zumal die entsprechenden Lager überfüllt und schlecht sind. Natürlich könnte man dieses Problem lösen, wenn man es wollte. Man könnte helfen, die Flüchtlingslager zu verbessern, und dann die illegal eingereisten Syrier dorthin bringen. Dann könnte man erklären, dass die Aufnahme von Flüchtlingen in Europa nur über legale Kontingente erfolgt und die illegale Einreise nicht gewünscht sei und daher auch nicht belohnt wird. Würde sich dies herumsprechen, gäbe es auch keine Völkerwanderung mehr. Das aber möchte keiner unserer Regierenden. Scheinbar ist es besser, die in den Lagern dahindarbenden Flüchtlinge (darunter viele Frauen und Kinder) in ihrem Elend zu belassen und stattdessen diejenigen, die genug Geld in der Tasche haben, zur illegalen, teuren und gefährlichen Reise nach Deutschland zu animieren. Wenn dabei viele Tausende im Mittelmeer ertrinken, ist dies eine gute Gelegenheit für die übliche Politiker-Betroffenheits-Rhetorik. Das kommt immer gut an bei den Wählern. Denjenigen, die die Reise überleben (meistens Männer), wird dann mit hohem finanziellem Aufwand ein oft perspektivloses Leben in Deutschland ermöglicht. Das ist die moderne Moral der Scheinheiligen.

Auch die immer wieder ins Spiel gebrachte Genfer Flüchtlingskonvention kennt selbst-verständlich keine Pflicht eines Landes wie Deutschland zur unbegrenzten Aufnahme von Menschen aus allen Krisenregionen des Planeten. Aber natürlich handeln die deutschen Beamten nicht nach Lust und Laune, sondern streng gemäß der ihnen vorgegebenen Gesetze und Verordnungen. Diese Gesetze und Verordnungen wiederum werden von der Regierung gemacht, von den Parlamenten verabschiedet und vom Bundespräsidenten unterschrieben. Immer mehr Verwaltungsakte sind jedoch auch Umsetzungen von europäischen Richtlinien, die von der Europäischen Kommission in Brüssel ausgedacht und vorgeschrieben werden. Die deutschen und europäischen Politiker sind somit direkt verantwortlich für das in Deutschland angerichtete Desaster, das seinen traurigen Höhepunkt vermutlich noch vor sich hat.

Vorsicht Familiennachzug!

Wer nicht ausgewiesen wird, darf in Deutschland darauf hoffen, die Familie nachzuholen. Diverse Politiker warnen angesichts der enormen Zuwanderungszahlen bereits vor einer gewaltigen zweiten Welle von Neuankömmlingen. Wenn von einer Million Migranten im Jahr 2015 nur die Hälfte in Deutschland bleiben und die Familien nachholen darf, dann könnten auch drei Millionen Einwanderer zusammenkommen. Pro Jahr! Das wären in 20 Jahren 60 Millionen Neubürger. Sollte die Völkerwanderung ihren Höhepunkt noch vor sich haben, könnte es noch sehr viel dramatischer werden. Da es gemäß Frau Merkel keine Obergrenze geben darf, ist es quasi verboten, sich zu sorgen. „Wir schaffen das", so ihr Spruch. Wirklich?

Die Probleme mit Illegalen

Ein großer Teil der abgelehnten Asylbewerber wird nach der endgültigen Ablehnung nicht geduldet und es droht die Ausweisung. Nach der Ausweisung gibt es im Prinzip auch keine Sozialleistungen mehr, das heißt, die Betroffenen erhalten weder Sozialhilfe noch eine Arbeitserlaubnis und sind auch nicht krankenversichert. Wer dennoch illegal in Deutschland bleibt, kann abgeschoben werden. Solche Abschiebungen finden in der Praxis allerdings so gut wie nie statt. Wolfgang Bosbach (CDU) sagte einmal, dass Abschiebung keinen Spaß mache. Jemanden mit Gewalt außer Landes zu bringen scheint wirklich keine schöne Sache. Oft beschließen Landesparlamente Abschiebe-Stopps, damit das Politikerleben wieder mehr Spaß macht.

Die ausgewiesenen Asylbewerber kommen zum Beispiel aus dem Kosovo, aus Albanien oder aus Tunesien. Der Traum auf ein besseres Leben hat sich für diese Menschen zerschlagen. Viele reisen frustriert ab. Manche versuchen ihr Glück in einem anderen Land oder kehren in ihre Heimat zurück. Andere (und dies sind nicht wenige) bleiben in Deutschland und schlagen sich als Illegale durch. Ohne Arbeitserlaubnis bleibt oft nur ein Leben in der Kriminalität. Der Drogenhandel ist dabei ein beliebtes Arbeitsgebiet. Aber auch Einbruch und Raub soll es schon gegeben haben. Die Auswirkungen sind in vielen Brennpunkten, vor allem in den Großstädten, zu sehen. Unsere Politiker drücken bei diesem Thema gerne beide Augen zu. Festgenommene Straftäter werden meistens noch am gleichen Tag wieder freigelassen. Der Respekt vor der deutschen Staatsmacht sinkt dabei fast so schnell wie die Hemmschwelle bei der kriminellen Energie. Man könnte illegale Ausländer bei Straftaten auch abschieben, wenn man es wollte. Aber Abschiebung macht (wie erwähnt) ja keinen Spaß. Die einheimische Bevölkerung soll dies alles gut finden. Wer Kritik übt, gehört zum „Pack“ und muss demnächst damit rechnen, weggesperrt zu werden (Sigmar Gabriel).

Die innere Sicherheit wäre vermutlich schon längst zusammengebrochen, wenn man nicht einen widersinnigen Ausweg gefunden hätte. Tatsächlich überweisen unsere Behörden auch bereits ausgewiesenen Menschen weiter Geld und Mieten, vermutlich in der Hoffnung, kriminelle Aktivitäten zu verhindern. Dies mag durchaus vernünftig sein. Das ganze Asylverfahren wird damit jedoch zur Farce, wenn das Ergebnis letztlich keine Konsequenzen nach sich zieht. Unser Land scheint keinerlei Selbstbehauptungswillen zu haben und könnte in „Absurdistan“ umbenannt werden.

Neue Männer braucht das Land – Frauen und Kinder unerwünscht

Will man Syrien schwächen? – Warum man nur die Männer schickt

Am Ende des Zweiten Weltkriegs flüchteten viele Menschen aus dem Osten des Deutschen Reichs vor der heranrükkenden Roten Armee gen Westen. Nach Kriegsende konnten sie nicht in ihre Heimat zurückkehren, weil die sogenannten Ostgebiete, das waren vor allem Ostpreußen, Pommern und Schlesien, Polen beziehungsweise der Sowjetunion zugeschlagen wurden und Rückkehrer und Daheimgebliebene aus ihren Häusern vertrieben wurden. Bei diesen Flüchtlingen handelte es sich überwiegend um Frauen, Kinder und um alte Menschen. Wehrfähige Männer waren so gut wie nicht dabei, denn diese mussten bei der Wehrmacht ihren Dienst leisten und sind nach Kriegsende scharenweise in Kriegsgefangenschaft geraten.

Es mutet nahezu unverschämt an, wenn die derzeit nach Deutschland drängenden illegal einreisenden Einwanderungs-Bewerber mit den damaligen deutschen Flüchtlingen und Vertriebenen verglichen werden. Die Zusammensetzung dieser Menschenmenge ist das glatte Gegenteil von dem, was man sich bildlich unter Flüchtlingen vorstellt. Es sind dem Anschein nach überwiegend Männer zwischen 18 und 50, also Männer im wehrfähigen Alter. Frauen, Kinder und alte Menschen scheinen nur in sehr kleiner Anzahl vertreten zu sein, auch wenn die Kameras der TV-Sender immer wieder Mütter mit Kindern suchen. Unsere verantwortlichen Politiker, die genau diese Männergruppe anlocken und damit gegenüber anderen Menschen bei der Einwanderung bevorzugen, wollen scheinbar keine Frauen und Kinder in unserem Land haben. Warum eigentlich nicht?

Man muss sich auch einmal die Frage stellen, was für einen Charakter ein Mann haben muss, dessen Familie in einem Bürgerkrieg derart bedroht wird, dass „Flucht" angesagt ist, und nur der Mann wegläuft und seine Frau und seine Kinder im Kriegsgebiet zurücklässt. Vor der Flucht wird natürlich noch die Familienkasse geplündert, um die Schlepper zu bezahlen. Welcher Mann verhält sich so? In einem Krieg wird nicht nur geplündert, sondern auch vergewaltigt. Ein Mann sollte eigentlich seine Familie beschützen. Hier zeigt sich das Dilemma der von unseren Politikern und Medien betriebenen „Flüchtlings"-Rhetorik. Wären diese Männer wirklich Flüchtlinge, dann wären sie in der Mehrzahl charakterlose Zeitgenossen, die ihre Frauen und Kinder hemmungslos im Stich lassen würden. Wenn man sich aber vor Augen führt, dass es sich gar nicht um Flüchtlinge handelt, sondern dass die Männer eine gefährliche Reise riskieren, um später die Familien (die in eher gesicherten Verhältnissen leben) nach-zuholen und ihnen ein besseres Leben zu ermöglichen, dann wäre die Bewertung eine andere.

Auch wenn es den Vorwurf der Einbildung von Verschwörungsphantasien nach sich ziehen könnte, soll an dieser Stelle einmal ganz offen über strategische Interessen geschrieben werden. Kräftige Männer sind als ungelernte Arbeitskräfte sicherlich im Durchschnitt wertvoller als Frauen, Kinder oder gar alte Menschen. Sollte es der internationalen Politik gelingen, fast alle jüngeren syrischen Männer nach Deutschland zu locken und gleichzeitig alle syrischen Frauen, Kinder und alten Menschen in und um Syrien zurückzulassen, dann hätte Deutschland ein erhöhtes Angebot an billigen Arbeitskräften und Syrien wäre sowohl wirtschaftlich als auch militärisch völlig erledigt und ausgemerzt. Wer könnte daran ein Interesse haben? Die USA? Saudi-Arabien? Diese Frage kann hier nicht seriös beantwortet werden. Gestellt werden muss sie aber.

Des einen Schaden ist noch nicht des anderen Nutzen

In jedem Fall schadet die Völkerwanderung denjenigen Ländern, aus denen die Männer auswandern, extrem. Ob sie Deutschland letztendlich nutzt, ist weniger sicher, denn dies würde sie nur, wenn die Einwanderer mit ihrer Arbeitskraft und mit ihrem Fleiß im Vergleich zur einheimischen Bevölkerung überdurchschnittlich beitragen würden. In den 60er Jahren des vorhergehenden Jahrhunderts, als man zahlreiche „Gastarbeiter" aus Südeuropa und aus der Türkei nach Deutschland lockte, war die Situation noch wesentlich günstiger. Damals boomte die deutsche Schwerindustrie und anpackende (und kostengünstige) Arbeitskräfte wurden händeringend gesucht. Sprachliche Hindernisse spielten kaum eine Rolle, denn in den lauten Fabrikhallen konnte man sein eigenes Wort kaum verstehen. Es ging ums Handanlegen. Unsere heutige Gesellschaft ist kaum noch von der Schwerindustrie geprägt, sondern in viel stärkerem Maße eine Dienstleistungsgesellschaft. Einfache Tätigkeiten sind immer weniger gefragt. Produkte wie zum Beispiel die Steinkohle oder andere Rohmaterialien werden einfach im Ausland zu günstigen Preisen eingekauft. Die globalisierte Wirtschaft mit ihren nahezu perfekten Transportmöglichkeiten macht dies möglich. In Deutschland werden dann die Rohmaterialien veredelt. Dazu werden hoch-spezialisierte Fachkräfte benötigt, die unter großem Zeitdruck komplexe Aufgaben bewältigen können. Daneben vergrößert sich das Angebot an nicht-produktgebundenen Dienstleistungen, wie zum Beispiel die medizinische Versorgung, was nicht nur an der alternden Bevölkerung, sondern auch am verbesserten Angebot liegt. Für all diese Tätigkeiten ist die Kommunikation sehr wichtig. Zuwanderer, die gar keine oder nur geringe Deutschkenntnisse haben, werden dafür nicht gebraucht. Die bloße physische

Manneskraft bringt wenig Vorteile, das heißt, eine Frau mit höherer Intelligenz und besseren Sprachkenntnissen könnte man besser integrieren als einen kräftigen Mann, der weder lesen noch schreiben kann.

Probleme werden einfach verdrängt

Auch mit den in den vergangenen Jahrzehnten eingewanderten „Gastarbeitern" aus der Türkei und aus anderen muslimischen Ländern lief nicht alles so glatt, wie man es gerne darstellt. Insbesondere dann, wenn sehr viele Kulturfremde einwandern, gibt es vor allem in den großen Städten die Tendenz zur Ghettobildung. Die Zuwanderer bleiben darin unter sich. Sie sprechen vorwiegend ihre Muttersprache und lernen kein Deutsch. Auch kulturell leben sie nach ihren Wertvorstellungen und bleiben Fremde. Im Prinzip ist dies noch nicht schlimm. Ernst wird es erst, wenn die unterschiedlichen Welten aufeinander treffen und zu handfesten Auseinandersetzungen führen. Dabei können verschiedene Rechtsräume entstehen, das heißt, die im Zuge demokratischer Entscheidungen herbeigeführten Gesetze gelten nur für einen Teil der Bevölkerung, was zu Ungerechtigkeiten führen kann. Wenn es für gewisse interkulturelle Konflikte keine Spielregeln mehr gibt, dann kommt es im schlimmsten Fall zu gewaltsamen Ausschreitungen. Manche mögen solche Sorgen für übertrieben halten. Über Gefahren nachzudenken, hat allerdings noch nie geschadet.

Was ist denn, wenn es nicht genügend Arbeitsplätze für die neuen Männer im wehrfähigen Alter gibt? Was passiert, wenn tatenhungrige Männer zum Nichtstun verdammt werden? Wäre es vorstellbar, dass einige dieser muslimisch erzogenen Menschen anfällig werden könnten für Propaganda gegen die westliche Lebensweise? Könnte sich hier ein Gewaltpotential aufstauen, das von unseren überbelasteten und seit Jahren immer weiter geschwächten Sicherheitskräften nicht mehr unter Kontrolle zu bekommen wäre? Niemand kann diese Fragen mit todsicherer Präzision beantworten. Diesbezügliche Sorgen können also nicht von vorneherein als völlig unbegründet zurückgewiesen werden.

In diesem Zusammenhang soll hier der Wiener Publizist Werner Reichel auszugsweise zitiert werden. Er schreibt in einem Kommentar unter der Überschrift „Nur eine Frage?“ folgendes: „Die Frage also lautet: Ist Europa noch in der Lage, sich zu verteidigen, seine Grenzen zu schützen und zwar mit allen Mitteln und mit allen Konsequenzen? Europa hat nichts mehr aufzubieten als diese überschwengliche und bedingungslose Willkommenskultur, deren Anhänger selbst IS-Schlächter mit Applaus und selbstbemalten Kartons am Bahnhof empfangen. Doch selbst die naivsten Gutmenschen und Politiker werden nicht umhinkommen, diese Frage zu beantworten. Spätestens dann, wenn in den europäischen Städten das totale Chaos ausbrechen wird. Es rumort ohnehin schon überall. Die vielen Hunderttausenden junger muslimischer Männer, viele von ihnen mit Kriegserfahrung und militärischer Ausbildung, werden sich nehmen, weshalb sie hergekommen sind. Mit Caritas-Kleiderspenden, Plüschhasen, Taschengeld, Feldbetten in Turnsälen und Masturbation werden sie sich nicht sehr lange zufriedengeben.“

Man muss den Teufel nicht an die berühmte Wand malen. Was wir hier machen, ist aber ein Experiment mit ungewissem Ausgang. So zu tun, als würden Gegner der Massenzuwanderung, wie die Pegida-Bewegung oder die AfD, solche Sorgen erfinden und damit eine Fremdenfeindlichkeit in Kauf nehmen oder sogar schüren, verkehrt die Verantwortlichkeiten ins Gegenteil. Es ist die Regierung, die hier in der Verantwortung steht. Die Regierung will die millionenfache Zuwanderung kulturfremder Männer und kann gar nicht genug bekommen. Mit den „Refugees-Welcome“- und „Wir schaffen das“-Parolen werden immer mehr neue Männer angelockt. Sollte dieses Experiment schiefgehen, und in dessen Folge ein Krieg in Deutschland ausbrechen, spätestens dann werden sich auch nicht mehr alle Einheimischen an die Gesetze halten wollen. Die Sorgen und Ängste, die das eigene Leben betreffen, werden nicht von harmlosen Pegida-Spaziergängern oder von machtlosen Oppositionspolitikern ausgelöst, sondern durch die Realität. Jede schwerkriminelle Handlung von einem Einwanderer gegen die eigene Tochter oder gegen eine Freundin oder Bekannte wird sich herumsprechen. Dann wird die Frage aufkommen, warum diese verrückte Willkommenskultur so alternativlos sein soll. Sollten sogar betroffene Opfer von Gewaltkriminalität bei ihrer Kritik an der Massenzuwanderung von der Wahrheitspresse zum Nazi abgestempelt werden, wäre dies an Unmenschlichkeit kaum noch zu überbieten. Da die Auseinandersetzung sehr verbissen geführt wird, ist dieses Szenario leider realistisch. Unsere Gesellschaft verroht.

Empörte Menschen des Machtapparats behaupten immer wieder, die Zuwanderer seien auch nicht krimineller als Einheimische. Es gebe keinen Beleg dafür, dass die Kriminalität mit der Massenzuwanderung angestiegen sei. Die Menschen in unserem Land lassen sich allerdings mit solchen behaupteten Statistiken nicht beruhigen. Es sind einfach Ängste, die da sind, ob es den Verantwortlichen schmeckt oder nicht. Es sind Befürchtungen, die die Zukunft betreffen. Wenn durch die Massenzuwanderung die sozialen Spannungen zunehmen, dann steigt auch die Kriminalität. Das war in der Vergangenheit so, und das wird auch in Zukunft so sein, egal wie viele Statistiken man fälscht oder verheimlicht. Natürlich kann man dies nur allgemein sehen. Wer pauschal jeden Zuwanderer als kriminell bezeichnet, begeht einen Fehler. Selbstverständlich sind die meisten Zuwanderer nicht kriminell, sondern nur wenige. Den Opfern hilft dies allerdings nicht.

Wo ist die Obergrenze?

Die Vertreter der Bundesregierung werden oft dafür kritisiert, dass sie keine Obergrenze für den geduldeten oder sogar erwünschten Zustrom nennen. Eine vernünftige Obergrenze zu benennen, ist auch eine schwierige Aufgabe. Klar ist aber, dass die Aufnahmefähigkeit einer Gesellschaft nicht unendlich sein kann. Man kann sich ja einmal ausmalen, wie es wäre, wenn nicht Millionen, sondern Milliarden zu uns kämen. Jegliche gesellschaftliche Ordnung würde zusammenbrechen und Armut und Hunger würden um sich greifen. Unser kleines Deutschland hat nicht genügend Raum für beliebig viele Menschen. Eine Zuwanderung kann prinzipiell einem Land nutzen, wenn dort vorher zu wenige Menschen gelebt haben und die Flächen und Räume nicht optimal genutzt werden können. Darüber hinaus besteht die Gefahr von gewalttätigen Auseinandersetzungen, wenn kulturelle Unterschiede und eine räumliche Enge zusammentreffen.

Die angeblich verbreitete Fremdenfeindlichkeit ist in Deutschland so gut wie nicht vorhanden. Auch wenn in der Wahrheitspresse die Pegida-Bewegung oftmals als „ausländerfeindlich“ diffamiert wird, sollte man sich von dieser Volksverhetzung (so muss man das Verhalten der Mainstreammedien in diesem Zusammenhang leider bezeichnen) nicht anstecken lassen. Vermutlich würde sich kein einziger Pegida-Spaziergänger als fremdenfeindlich bezeichnen. Mit solchen Beschimpfungen sollen Regimegegner an die Wand genagelt werden. Mit den wirklichen Motiven hat dies nichts gemein. Möglicherweise lehnt ein kleiner Prozentsatz dieser Menschen die Einwanderung ab und könnte etwas überspitzt (also immer noch bösartig) als einwanderungsfeindlich bezeichnet werden. Die große Mehrheit der Gegner der Massenzuwanderung hat aber nichts gegen eine Einwanderung nach Deutschland. Sie möchten aber für diese Einwanderung Grenzen und fühlen sich von den Bundestagspolitikern in dieser Frage nicht vertreten.

Bei der Obergrenze kommt es nicht nur auf die Anzahl der Einwanderer an, sondern auch auf die Fähigkeit zur Integration. Die Integration ist dabei nichts, was man den Einwanderern aufzwingen kann, und sie ist auch nur begrenzt durch staatliche Maßnahmen des aufnehmenden Landes beeinflussbar. Der Staat ist ohnehin schon viel zu mächtig und plündert das Volk nach Strich und Faden aus. Ohne den besteuernden Staat hätten die Steuerzahler ein dreifach höheres Einkommen. Eine Gesellschaft ohne Staat ist natürlich eine Utopie, aber viele Dinge, mit denen der Staat seine Bürger drangsaliert, sind absolut überflüssig. Dies näher auszuführen, würde den Rahmen sprengen. Wer sich näher interessiert, dem seien die Bücher von Roland Baader empfohlen. Eine Integration ist etwas Freiwilliges und Selbstverständliches und funktioniert bei einer natürlichen Zuwanderung von alleine. Deutschland hat in den vergangenen Jahrhunderten kulturell von der Zuwanderung profitiert. Eine gesunde Weiterentwicklung einer Gesellschaft läuft ganz langsam ab. Wenn man aber plötzlich Millionen von Zuwanderern aus den entferntesten Gegenden der Welt nach Deutschland lockt, dann ist dies eben nicht mehr gesund, sondern zerstört eine Gesellschaft.

Darüber hinaus ist auch der selbstverschuldete Werteverfall in der Gesellschaft destruktiv. Wenn wir ehrlich sind, dann zerstören wir unser Land vor allem selbst und die große Zahl der Migranten verschärft beziehungsweise beschleunigt diesen Verfall nur. Der um sich greifende Sozialismus, die grüne Kulturrevolution und die Preisgabe der christlichen Werte sind moderne Erscheinungen mit schlagkräftigem Zerstörungspotential. Unsere rückgratlosen Politiker sind nur das Spiegelbild einer kranken Gesellschaft. Eine kranke Gesellschaft kann auch den Einwanderern nichts Attraktives mehr bieten und kann daher sehr viel weniger Zuwanderung vertragen als eine gesunde Gesellschaft. Dass in den vergangenen Jahrzehnten das geeignete Maß bereits überschritten wurde, kann man in den Problemgebieten der Großstädte besichtigen. Würde man die Probleme vernünftig analysieren, dann könnte man daraus lernen und aus dem Gelernten eine vernünftige Einwanderungspolitik ableiten. Dies allerdings wollen unsere politischen Vorturner gar nicht. Unsere polit-mediale Elite ist an einer sachlichen Debatte überhaupt nicht interessiert, sondern treibt die Spaltung der Gesellschaft mit großem Eifer voran. Mit falschen Begriffen wie „Flüchtlinge" und „Fremdenfeinde" soll jegliche Kritik am Machtapparat zu Kleinholz geschlagen werden. Dies soll im nachfolgenden zweiten Hauptkapitel einmal etwas näher beleuchtet werden.

Kapitel 2 – Debatte oder Propaganda?

Propaganda mit Begriffen

Die Meinungsfreiheit gilt nur für Lakaien der Macht

Im öffentlichen Dienst wurden zahlreiche hochdotierte Posten geschaffen, deren Inhaber jeden Tag totalitäre Propaganda betreiben. Ob Gender-Forscher, Extremismusforscher, Friedensforscher, Populismusforscher, Politikforscher oder sonst irgendwelche Forscher, vor der geballten Macht der „Wissenschaft“ kann das einfache Volk nur noch ehrfurchtsvoll auf die Knie gehen. Linksextremisten haben es innerhalb weniger Jahre geschafft, Begriffe festzuzurren, mit denen die Menschen in unserem Land belogen, betrogen, gedemütigt und gemobbt werden.

Ein typisches Beispiel ist der Begriff „Flüchtling“. Wie bereits dargelegt, handelt es sich bei den Menschen, die derzeit millionenfach nach Deutschland strömen, nicht um Flüchtlinge, sondern um Menschen, die bei uns einwandern wollen. Warum wird dies nicht klar so benannt? Auch ein Einwanderungs-Bewerber ist ein gleichwertiger Mensch, der mit Respekt und Würde behandelt werden muss. Es gibt überhaupt keinen vernünftigen Grund, aus diesen Menschen „Flüchtlinge“ zu machen. Es gibt aber einen unvernünftigen Grund. Mit dem Begriff „Flüchtling“ will man die Menschen in unserem Land zwingen, dem Einwanderungsgesuch in jedem Fall zuzustimmen, und man will den Kritiker als Unmenschen, der nicht bereit ist, Menschen in Not zu helfen, diffamieren. Es handelt sich demnach um ein Machtinstrument, um Oppositionelle mundtot zu machen.

Das Erschreckende an diesem Beispiel ist, dass nahezu alle Presseorgane bei dieser totalitären Methode mitmachen. Den Gegnern der Meinungsfreiheit ist es offensichtlich gelungen, alle Schaltstellen der Pressemacht zu besetzen, einschließlich ehemals konservativer und liberaler Zeitungen. Angesprochen auf diesen Skandal, weisen die Pressevertreter die Vorwürfe entschieden zurück. Ihnen würde niemand vorschreiben, was sie zu schreiben hätten, so die Verteidigung. Die altertümliche Vorstellung von einer Pressezensur hat mit dem heutigen Parteien- und Pressesozialismus nichts zu tun. Da ist niemand, der die Artikel korrigiert und das Wort „Migrant“ durch „Flüchtling“ ersetzt. Heute wird so etwas über Netzwerke gesteuert. Würde ein Journalist mit großem Engagement die Pegida-Position vertreten, dann würde er entsprechende Konsequenzen zu spüren bekommen. Seinen Job wäre er dann ganz schnell los. Behörden würden drohen, die Abos abzubestellen. Politiker würden keine Interviews mehr geben. Da die Zeitungen ohnehin um ihre wirtschaftliche Existenz kämpfen, wäre die Umsetzung solcher Drohungen der sichere Konkurs. Journalisten können eben nur dann unbehelligt (und scheinbar frei) ihrem Beruf nachgehen, wenn sie schön auf Regierungslinie sind und die Mächtigen kaum bis gar nicht kritisieren. Seine Meinungsfreiheit genießt nur, wer die gleiche Meinung wie die Regierung hat. Das ist aber keine allgemeine Meinungsfreiheit.

Pegida als Achse des Bösen

Man mag die Anliegen der Pegida-Menschen ablehnen. Um eine inhaltliche Auseinandersetzung geht es aber nicht. Warum gehen so viele Individuen in Dresden auf die Straße? Um diese Frage zu beantworten, muss man sich nur einmal kurz mit Bewohnern der Gegend unterhalten, dann weiß man sofort, worum es geht. Man muss noch nicht einmal mit den Demonstranten selber reden. Freunde und Kollegen wissen bestens Bescheid.

Die Pegida-Spaziergänger haben Bedenken, dass die derzeitige Überflutung mit Zuwanderern unserem Land nicht guttun könnte. Bei unseren Politikern stoßen sie mit ihren Sorgen jedoch auf taube Ohren. Weil sie sich nicht anders zu helfen wissen, gehen sie aus Verzweiflung auf die Straße und artikulieren sich auf diese Weise. Die Demonstration ist das Mittel der Machtlosen, sich gegenüber den Mächtigen, dazu zählen sowohl der Staat als auch die Presse, zu artikulieren. Weil ihnen niemand zuhört und niemand ihre Anliegen vertritt, suchen sie auf eigene Faust die Öffentlichkeit.

Wie unsere „Qualitätspresse" diese Menschen beurteilt, ist menschlich verwerflich. Anstatt über ihre Anliegen zu berichten und ihre Kritik an der Politik herauszustreichen, wird (man kann es nicht anders formulieren) ein Vernichtungsfeldzug gegen diese Menschen betrieben. Die Bürger gehen gegen die Einwanderungspolitik der Regierung auf die Straße. Sie befürchten, dass sich ihre Heimat mit der unkontrollierten und unbegrenzten Überflutung mit Emigranten negativ verändern könnte. Die Kritik richtet sich dabei natürlich nicht gegen die Einwanderer, sondern gegen die Regierung und gegen deren Politik. Diesen Menschen wird dabei nicht nur jegliches Zuhören versagt, sondern die Kritisierten gingen von der ersten Sekunde an sofort zum persönlichen Gegenangriff unter die Gürtellinie über. Alle Mainstream-Presseorgane halfen dabei energisch mit. Einer von vielen traurigen Höhepunkten war die Neujahrsansprache der Bundeskanzlerin. Pauschal unterstellte sie Menschen, die sie persönlich nicht kennt und die sie auch gar nicht kennen möchte, „Kälte und Hass“ in deren Herzen. Eine solche Hetze ist an Unmenschlichkeit kaum zu überbieten. Damit hat sie sich als Bundeskanzlerin disqualifiziert. Hätten wir in Deutschland eine Opposition, dann hätte es nach diesem unverschämten Auftritt Rücktrittsforderungen gegeben. Da es aber derzeit keine Opposition gibt, klatschten alle im Bundestag vertretenen Parteien Beifall und lobten die Bundeskanzlerin für ihr asoziales Verhalten.

Leuten mit Kälte und Hass im Herzen müsse man entschieden entgegentreten, so die Begründung des verlogenen Establishments. Katrin Göring-Eckardt (Bündnis 90/Die Grünen), die auf dem Papier so etwas wie die Oppositionsführerin sein sollte, begründete das Mobbing gegen die Pegida-Menschen sogar mit dem Gebot der Nächstenliebe. Die ehemalige Funktionärin der Evangelischen Kirche in Deutschland weiß offenbar nicht, was Nächstenliebe ist. Das mit dem Hass und der Kälte im Herzen sind nichts als bösartige Unterstellungen. Was hätte wohl Jesus einem Kirchenvertreter geantwortet, wenn dieser anderen Menschen zuerst bösartige Charaktereigenschaften willkürlich unterstellt, um dann seine Mobbing-Aktionen damit zu begründen?

Unsere Propagandaorgane in den Rundfunkanstalten und in den Zeitungsstuben machen, wie erwähnt, bei diesem grausamen Spiel eifrig mit. In den Zeitungsschlagzeilen heißt es oft, die Menschen in Dresden gingen gegen die Flüchtlinge oder sogar gegen alle Ausländer auf die Straße. Das ist eine vorsätzliche Falschdarstellung. Auch wenn der heutige Journalist keine Zeit mehr für Recherchen hat, wäre es kinderleicht, die wirklichen Motive der Demonstranten zu ergründen. Fremdenfeindlich ist dort so gut wie niemand. Die Menschen gehen selbstverständlich gegen die Regierung auf die Straße und nicht gegen Migranten, die, wie erwähnt, keine Flüchtlinge sind. Unsere Medienvertreter sind mit dem Establishment derart verflochten, dass sie sich vollständig mit der politischen Machtelite solidarisiert haben. Konsequenterweise betreiben sie eine üble Hasspropaganda gegen die Regierungskritiker in Dresden. Dabei werden sämtliche Propagandamethoden angewendet, die möglich sind.

Richtig fuchsteufelswild werden manche Journalisten, wenn die Pegida-Demonstranten in Dresden „Wir sind das Volk“ rufen. Dies sei eine unverschämte Anmaßung, so der Vorwurf. Die Demonstranten hätten kein Recht dazu, für das Volk zu sprechen, wohl weil es sich lediglich um ekelerregende Extremisten handle und die Volksmeinung eher das sei, was uns die Presse tagtäglich als Wahrheit verkauft. Dabei muss man bedenken, dass, als 1989 viele Menschen in der DDR gegen das SED-Regime auf die Straße gingen und „Wir sind das Volk“ riefen, dies auch nur eine Minderheit von mutigen Oppositionellen war. Die vielen Vertreter des SED-Regimes, einschließlich Stasi und anderer Staatsbediensteter und die System-Journalisten gehörten zwar auch zum deutschen Nationalvolk, wurden aber natürlich nicht von den Demonstranten repräsentiert. Darüber hinaus verhält sich die Mehrheit immer opportunistisch und stellt sich im Zweifel (zumindest offiziell) auf die Seite der Mächtigen. Bei dem Ruf „Wir sind das Volk“ geht es aber weder darum, für das komplette Nationalvolk zu sprechen, noch darum, die Mehrheit für sich zu beanspruchen. Es geht einzig und alleine um den Konflikt zwischen der herrschenden Macht und der machtlosen Opposition, die sich unterdrückt fühlt, sich nicht mehr alles gefallen lassen möchte und aus Verzweiflung auf die Straße geht. Das „Volk“, das sind in diesem Zusammenhang die Unterdrückten, die gegen die Unterdrücker demonstrieren. Zu den Unterdrückern gehören eben auch die Journalisten, die mit ihrer Hasspropaganda und vielen haltlosen Unterstellungen die Pegida und die AfD hemmungslos bekämpfen, um sich bei den etablierten Politikern einzuschleimen. Entsprechend groß ist auch der Zorn des „Volks“, der sich mitunter in Form von asozialen Beschimpfungen per E-Mails an die Presseorgane oder an die Journalisten oder in Form von hässlichen Kommentaren Bahn bricht. Auch der Begriff „Lügenpresse“ ist vor diesem Hintergrund mehr als nachvollziehbar.

Die Arroganz der Macht

Bei der entschwebten Politiker- und Journalistenkaste ist ein Diffamierungsbegriff besonders beliebt: der Populismus-Vorwurf. Hinter diesem Vorwurf verbirgt sich die nackte Arroganz. Wie alle mit „ismus“ endenden Vokabeln soll auch dieser Begriff eine gefährliche Radikalität suggerieren. Politiker und Parteien, die populistisch denken und handeln, werden als minderwertig angesehen und sollen persönlich bekämpft werden. Wer als Populist gebrandmarkt ist, belügt die Menschen angeblich vorsätzlich. Er vereinfacht die Zusammenhänge in unzulässiger Form, um beim dummen Volk (populus) Stimmung zu machen. Der elitäre, angeblich bessere Politiker hat hingegen angeblich den Überblick.

Die Wähler sollen daher nicht auf Politiker „hereinfallen“, die des Populismus beschuldigt werden. Vertrauen sollen sie den arroganten Denunzianten der politischen Elite. Natürlich ist die Populismus-Polemik nichtssagend. Es ist leeres Geschwätz. Eine Elite, die sich solcher Vokabeln bedienen muss, ist asozial und einer Elite nicht würdig. Früher nannte man Regimekritiker einfach Oppositionelle. Heute sind es Populisten. Hat man diesen Mechanismus einmal begriffen, dann kann man Politiker und Journalisten danach beurteilen, ob sie andere Menschen oder Gruppen als Populisten bezeichnen. Es ist erschreckend, wie weit verbreitet ein solches scheinheiliges Gehabe ist.

Ein weiterer Vorwurf, der gegenüber politischen Kritikern gerne erhoben wird, ist der des „Verschwörungstheoretikers“. Was ist eine Verschwörungstheorie? Da gibt es erst einmal diejenigen, die sich bei einer Besprechung zur Geheimhaltung verpflichten, das heißt, die schwören, nichts von den besprochenen Absichten nach außen zu verraten. Das interessierte Publikum hätte allerdings gerne gewusst, was da besprochen wird, weil es möglicherweise davon betroffen ist. Natürlich sprießen in solchen Fällen die Spekulationen ins Kraut, was auf der geheimen Besprechung hätte besprochen werden können. Schon ist eine Verschwörungstheorie geboren. Das Problem in der Politik ist, dass viele Entscheidungen von den Bürgern nicht mehr nachvollzogen werden können. Es gibt zwei Möglichkeiten, auf eine sogenannte „Verschwörungstheorie" zu antworten. Erstens: Der Bürger, der über die Hintergründe spekuliert, wird als obskurer Verschwörungstheoretiker beschimpft, den man nicht ernst nehmen darf. Zweitens: Man legt dem Spekulanten die tatsächlichen Hintergründe offen. Im zweiten Fall hat man den besorgten Bürger ernst genommen und zur Aufklärung beigetragen, im ersten Fall möchte man offensichtlich nicht, dass die Entscheidungswege transparent werden. Vermutlich ist die Spekulation mindestens teilweise Unsinn, aber kann man dem Erfinder dies übelnehmen? Verantwortlich sind eher die Geheimniskrämer! Letztlich ist der „Verschwörungstheorie"-Vorwurf ähnlich dem Populismus-Vorwurf. Der Bürger soll sich gegenüber einer selbsternannten Elite zurücknehmen und den mächtigen Führern blind vertrauen. Nachfragen oder Spekulieren ist verboten.

Die Arroganz der Mächtigen hat noch weitere Begriffe auf Lager. Beispiele: „Ewiggestriger", „(Globalisierungs-) Verlierer" und so weiter.

Erklärung der geistigen Unzurechnungsfähigkeit

Mit anderen Begriffen sollen die Meinungsgegner für geistig unzurechnungsfähig erklärt werden. Ganz modern ist die Unterstellung einer krankhaft feindlichen Angst, die im Jargon eines Facharztes für Psychiatrie auch „Phobie“ genannt wird. Wer einem anderen Menschen „Xenophobie“ diagnostiziert, möchte ihn wegen krankhafter Angst vor Ausländern und Migranten in eine geschlossene Anstalt einweisen lassen. Ein „Islamophober“ betrachtet angeblich jedes Mitglied der islamischen Religion als Feind. Ob die Vorwürfe berechtigt sind, spielt überhaupt keine Rolle. Man kann davon ausgehen, dass sie zu 100 Prozent unberechtigt sind. Entscheidend ist die Denunziation als psychisch Kranker. Damit ist der Angegriffene erledigt. Niemand soll sich ihm nähern, denn er gilt als gefährlich. Damit wird ein perfides Ziel erreicht: Andersdenkende sollen von anderen Menschen vollständig isoliert werden und damit sozial vor die Hunde gehen. Das ist Mobbing.

Kriminalisierung und Vernichtung

Wer die „Wahrheit“ für sich in Anspruch nimmt, hat für den Meinungsgegner eine weitere unfeine Vokabel parat. Wer die Wahrheit negiert, ist ein „Leugner“. In diesem Diffamierungsbegriff steckt allerdings noch viel mehr als nur etwas Unwahres, sondern er soll vom Ansatz her den Meinungsgegner kriminalisieren. Wenn Kommissar Derrick in der gleichnamigen Krimiserie seinem Assistenten Harry erklärte, dass er sicher wisse, wer der Mörder sei, dann hieß es, der Täter leugne (noch) seine Tat. Ein weiteres Thema, bei dem der Begriff „Leugner“ gerne verwendet wird, ist der Vorwurf „Holocaust-Leugner“. Wer den Völkermord der Nationalsozialisten an den Juden abstreitet, macht sich nach deutschem Recht strafbar. Dadurch sollen die Nachkommen der Opfer psychisch geschützt werden.

Im Grunde genommen ist es ein widerlicher Charakterzug, wenn man, anstatt sachlich zu argumentieren, Andersdenkende kriminalisiert. In weiten Teilen unserer Gesellschaft fehlt leider jegliche Feinfühligkeit, solche Unverschämtheiten zu unterlassen. Die politische Agenda wird mit einer derartigen Verbissenheit betrieben, dass den Protagonisten noch nicht einmal bewusst ist, was sie tun. Ein nicht unerheblicher Prozentsatz unserer Bevölkerung geht sogar noch einen Schritt weiter und bezeichnet Andersdenkende gleich als „Nazi“ oder als „Rassist“. Diese beiden Begriffe erleben einen inflationären Gebrauch. Meistens werden sie gegen Personen eingesetzt, die man überhaupt nicht persönlich kennt, von deren Ansichten man überhaupt nichts weiß und von deren Ansichten man auch überhaupt nichts wissen möchte. Es scheint auch völlig egal zu sein. Nazis sind Verbrecher. Sie gehören verhaftet und verurteilt. Einmal denunzieren genügt. Einen anderen Menschen als

Nazi zu bezeichnen, zeugt nicht nur von Brutalität, sondern in der Regel auch von einer bewussten Verharmlosung des Nationalsozialismus. Man kann nicht oft genug darauf hinweisen, dass es vor allem die totalitären Methoden einer Regierung waren, die als nationalsozialistische Verbrechen in die Geschichte eingegangen sind. Ein wirklicher Gegner totalitärer Machtregime muss seine Kritik gegen die Mächtigen im Staat richten und nicht gegen einfache und wehrlose Bürger.

Der Höhepunkt der Charakter- und Geschmacklosigkeit ist allerdings noch nicht erreicht. Dieser Platz ist für die Diffamierung der Gegner als Ungeziefer vorbehalten. Stellvertretend seien hier zwei hochrangige Amtsträger genannt: Sowohl die Ministerpräsidentin des Landes Nordrhein-Westfalen als auch der Ministerpräsident des Freistaats Bayern haben die Organisatoren der Pegida-Demonstrationen als „Rattenfänger“ bezeichnet. Dieses beeindruckende Bild suggeriert automatisch, dass die Demonstranten ausnahmslos „Ratten“ sein müssen. Ratten sind Schädlinge, die viele Krankheiten übertragen können. In früheren Zeiten, von denen das Märchen vom Rattenfänger von Hameln erzählt, brachten die Ratten den Schwarzen Tod. Das Konzept gegen Ratten war deren systematische Vernichtung. Auch wenn manche hier einwenden mögen, dass der Begriff „Rattenfänger“ ein Synonym für das Wort „Verführer“ sein soll, so wird der Begriff doch absichtlich benutzt, um das Bild der Ratte in den Köpfen der Leser beziehungsweise Zuhörer zu zeichnen. Vermutlich wollten sie, dass die Mehrheit der Leser einen großen Ekel gegenüber den friedlichen Demonstranten von Dresden empfinden soll. Zum Glück waren es nur Gedanken. Zu anderen Zeiten und in anderen Systemen wurden „minderwertige“ Kreaturen in Vernichtungslager deportiert. Diese Absicht darf man den beiden Landeschefs nicht unterstellen. Dennoch muss man fragen, was dies für eine Ethik ist, in der mächtige Amtsträger wehrlose Bürger, die sie nicht kennen, pauschal als Ratten hinstellen. Die Wahrheitspresse hat den Rattenvorwurf mit Begeisterung aufgenommen und daraus reißerische Schlagzeilen gemacht. Im Mainstream gab es keinen einzigen kritischen Kommentar dazu. Betroffen war schließlich nur eine kleine Minderheit. Für ausgemachte Bösewichte möchte der moderne Journalist keine Menschenwürde geltend machen. Was wäre, wenn es nicht nur zur verbalen, sondern auch zur tatsächlichen Deportation von Oppositionellen käme? Wer den Gedanken weiterspinnt, ahnt, warum es in der Geschichte der Menschheit immer wieder zu Grausamkeiten, wie zum Beispiel zu den Hexenverbrennungen oder zu Völkermord, kommen konnte. Unsere heutige Gesellschaft ist leider kein bisschen weiter.

All diese persönlichen Angriffe dienen nur einem einzigen Zweck. Eine sachliche Debatte muss in jedem Fall unterbunden werden, damit totalitäre Minderheiten ihre Agenda gegen den Willen der Mehrheit durchdrücken können.

Migranten-Debatte? – Nein, danke!

Ob in Nachrichten, in Zeitungen, in der Politik, an den Stammtischen, bei Facebook oder über Twitter, auf Youtube-Kanälen oder in alternativen Medien, überall beherrscht ein Thema die Republik: die Flut der Asylbewerber oder auch der freiwillig Einreisenden, wie der Herr Dr. Proebstl gerne zu sagen pflegte. Besonders tiefgreifend sind die Beiträge allerdings nie. Irgendwie scheint das Thema vergiftet. Niemand traut sich so richtig ran.

Die Zeitungen benutzen vorsätzlich den hier schon mehrfach ad absurdum geführten Begriff der „Flüchtlinge". Wenn jemand sein Land verlässt, um in einem anderen Land sein Glück zu versuchen, dann handelt es sich vom Herkunftsland her betrachtet um einen „Auswanderer". Aus unserer Sicht handelt es sich um einen Einwanderer. Ganz allgemein ist es ein Wanderer, ein Migrant. Mag sein, dass es unter den Migranten auch Menschen gibt, die verfolgt wurden und geflohen sind. Dies trifft jedoch – wenn überhaupt – nur auf eine kleine Minderheit der Asylbewerber zu. Das Wort „Migrant" umfasst alle, einschließlich Flüchtlingen.

Darüber hinaus gibt es internationale Konventionen, wonach die Nachbarländer verpflichtet sind, Flüchtlinge aufzunehmen. Da in unseren Nachbarländern niemand verfolgt wird, ist Deutschland derzeit nicht betroffen. Wer in Deutschland ankommt, hat demnach schon lange keinen Flüchtlingsstatus mehr. Irgendetwas kann also nicht stimmen, wenn der Innenminister behauptet, dass 2015 mit bis zu 800.000 Flüchtlingen in Deutschland zu rechnen sei. Deutschland ist nicht dafür zuständig, die Flüchtlinge der ganzen Welt aufzunehmen. Wir sind bereits eines der am dichtesten besiedelten Länder.

Etwas anderes wäre es, wenn Deutschland einem betroffenen Land bei der Bewältigung von Flüchtlingen helfen würde. Wenn zum Beispiel in Syrien Jesiden vom IS verfolgt werden und massenhaft in die Türkei fliehen, dann kann man darüber nachdenken, ein bestimmtes Kontingent in Deutschland aufzunehmen. Möglicherweise nimmt man bevorzugt diejenigen, die Kontakte nach Deutschland haben oder ansatzweise die deutsche Sprache sprechen. Die Auswahl könnte man im Aufnahmelager in der Türkei treffen und dort die entsprechenden Einreisepapiere verteilen. Die ausgewählten Menschen könnten dann nach Deutschland fliegen, und die Sache wäre erledigt, ganz unbürokratisch. Die Politiker müssen dabei im Namen ihrer Wähler handeln und sind für die Folgen verantwortlich.

Viele Asylbewerber sind allerdings gar keine Flüchtlinge. Sie kommen nach Deutschland mit der Absicht, einzuwandern. Viele Menschen wandern in Deutschland ein, das war schon immer so. Für die vielfältige Kultur ist das ein Vorteil. Auch genetisch soll eine gesunde Durchmischung von Vorteil sein. Durch die Freizügigkeit innerhalb der EU findet Einwanderung aus anderen EU-Staaten aber ohnehin statt. Eine Einwanderung aus Nicht-EU-Ländern ist demnach nicht zwingend erforderlich, kann aber prinzipiell auch nicht schaden. Allerdings werden es die meisten Einheimischen als vernünftig empfinden, wenn diese Einwanderung begrenzt ist, das heißt, nicht jeder, der möchte, darf kommen, es sei denn, dass weniger möchten, als wir es uns wünschen. Auch diese Einwanderung sollte legal sein, das heißt, die Einreisenden sollten gültige Einreisepapiere mitbringen. Wer wie solche Einreiseerlaubnisse nach welchen Kriterien erteilt, könnte man diskutieren. Doch seriöse Gespräche werden von linken Moralaposteln erfolgreich verhindert. Wer es wagt, Maßnahmen vorzuschlagen, die die Flut der Einreisenden eindämmen könnten, wird schnell als herzlos bezeichnet. Der Schauspieler Til Schweiger, der zu diesem Thema zu einer Talksendung eingeladen wurde, forderte sogar, dass Menschen, die gegen die derzeitige Politik öffentlich protestieren, umgehend im Zuchthaus eingesperrt gehören. Natürlich ohne rechtsstaatlichen Prozess und ohne das Recht auf anwaltlichen Beistand. Auf diesem asozialen Niveau kann man keine sachliche Debatte führen. Möglicherweise hätte Frauke Petry von der AfD etwas Vernünftigeres zu der besagten Laberrunde beitragen können. Sie war eingeladen und hatte auch zugesagt. Doch kurz vor der Sendung wurde sie wieder ausgeladen. Migranten-Debatte – nein, danke, scheint hierzulande das Motto zu sein.

Eines muss in aller Deutlichkeit betont werden: Wer eine geordnete Zuwanderung durchsetzen möchte, muss die illegalen Einreisewege eiskalt trockenlegen! Wer ohne Einreisepapiere nach Deutschland kommt, muss sofort wieder außer Landes gebracht werden. Asylanträge von illegal Eingereisten dürfen gar nicht erst angenommen werden. Wenn Menschen aus einem unserer Nachbarländer fliehen (weil ihnen dort nach dem Leben getrachtet wird), können und werden wir ihnen großzügig (vorübergehend) Unterschlupf gewähren. In einem solchen Notfall wäre gegen die Hilfe nichts einzuwenden. Wir würden auch mehrere Millionen solcher Flüchtlinge aufnehmen. Wenn uns befreundete Länder dabei unterstützen würden, umso besser. Was derzeit in Deutschland geschieht, ist aber etwas völlig anderes und muss klar beim Namen genannt werden: Das Asylrecht wird gnadenlos missbraucht, um Recht und Gesetz zu ignorieren. Es wird missbraucht, um eine Einwanderungspolitik zu erzwingen, für die es auf demokratischem Wege nie und nimmer eine Mehrheit gäbe. Die Demokratie wird so mit Füßen getreten. Dass gerade die Moralapostel, die ihre Minderheitenansicht auf diese Weise durchsetzen wollen, die Gegner dieser Praxis als verfassungsfeindliche Extremisten stigmatisieren (und mancher sie gar ohne Prozess ins Zuchthaus sperren will), ist eine Verdrehung der Tatsachen.

Die Stimmung in unserem Land ist gerade wegen der aggressiven Verhinderung jeglicher Debatte so aufgeheizt. Hier muss man Ross und Reiter klar benennen. Schuld an der Spaltung der Gesellschaft sind nicht irgendwelche Rechte (was soll das überhaupt sein?), sondern diejenigen, die gegen den Willen der Mehrheit Deutschland zu einem Sozial-Paradies für jedermann auf der ganzen Welt machen wollen. Das ist der Grund, warum die Debatte um jeden Preis verhindert werden muss. Der Preis ist allerdings sehr hoch. Es ist die Abschaffung der Freiheit, insbesondere der Meinungsfreiheit. Durch eine Kulturrevolution von oben sollen die Bürger dieses Landes gleichgeschaltet werden. Wer es wagt, zu widersprechen, wird gnadenlos bekämpft. Insbesondere die grünen Erzieher und Schnüffler sind dabei in ihrem Element. Unterstützung erhalten sie dabei von der Stasipartei SED, die sich jetzt „Die Linke" nennt. Die Regierungsparteien Union und SPD benehmen sich so, als ob sie von diesem Linksbündnis erpresst würden. Natürlich soll hier nicht behauptet werden, dass sie erpresst werden. Es fällt nur auf, dass in der Einwanderungsfrage eine Politik im Sinne der ehemaligen Stasi-Partei SED (jetzt „Die Linke") betrieben wird.

Grüne Erzieher und Schnüffler

Der Bundestagsabgeordnete Dr. Konstantin von Notz ist netzpolitischer Sprecher der Fraktion Bündnis 90/Die Grünen. Außerdem ist er Stellvertretender Fraktionsvorsitzender und Koordinator für Bürgerrechte und Demokratie sowie Rechts- und Gesellschaftspolitik. Gegenüber dem Deutschlandfunk gab er ein Statement ab, das hier einmal aus einer ganz anderen Sicht betrachtet werden soll, als es etablierte Journalisten oder Politiker zu tun pflegen. Er sagte: „Schaut man sich die Kommentarspalten unter Artikeln zur derzeitigen Flüchtlingssituation an, wird einem regelmäßig schlecht."

In dem Satz ist nicht genau beschrieben, welche Äußerungen chronisch auftretende Übelkeitsbeschwerden beim geplagten Herrn Dr. von Notz auslösen. Für die Frage, die sich hier stellt, ist dies auch nicht relevant. Warum, so muss man sich fragen, schaut sich der Politiker überhaupt die Kommentarspalten an? Niemand zwingt den Herrn schließlich dazu. Er könnte sich auf die gute alte Zeit besinnen, in der die Zeitungsartikel noch nicht vom „Pöbel" kommentiert werden konnten, und die Kommentare einfach ignorieren. Man wird den Verdacht nicht los, dass von Notz ganz bewusst die Kommentarspalten nach undifferenzierten Äußerungen durchsucht, und zwar auf der Suche nach dem Bösen. Entdeckt er eine solche Äußerung, dann könnte er es sogar als eine Art Triumph empfinden. Gegenüber der Öffentlichkeit hat er dann eine Handhabe, seine Abneigung gegenüber weiten Teilen des Wahlvolks zu äußern. Im Ergebnis kann er sich und seine Anhänger als bessere Menschen präsentieren und seine Partei als zuständig für die dringend erforderliche Erziehungsarbeit empfehlen. Damit kann man wunderbar die eigenen politischen Fehlleistungen kaschieren. Früher empfanden es Oppositionsparteien als Pflicht, die Regierung zu kritisieren. Heutzutage scheint diese Übung aus der Mode. Man kritisiert viel lieber das Volk und empfiehlt sich somit bei der Obermutti als zukünftiger Juniorpartner. Die heutige Politikerkaste könnte man auch als scheintot (das Gehirn stellt sich tot) bezeichnen. Die mit der Völkerwanderung einhergehenden Probleme mag man gar nicht erst diskutieren. Da müsste man sich ja Vorschläge zur Eindämmung der Zuwanderung einfallen lassen. Gehirne verbrauchen zu viel Energie, was im Zeitalter des Energiesparens nicht gerne gesehen wird.

Die Haltung des grünen Politikers ist typisch für viele seiner Artgenossen. Viele Politiker wollen nicht dem Volk dienen, sondern nur sich selbst. Kritik empfinden sie als Unverschämtheit und als Ansporn, das Volk in ihrem Sinne zu maßregeln. Wozu benötigt man eigentlich einen „Netzpolitiker“? Eine schwierige Frage. Möglicherweise könnte ein solcher sich einmal darüber Gedanken machen, wie man die Bürger vor Gesinnungsschnüfflern schützen könnte. Durch die innerhalb weniger Jahre aufgekommenen sozialen Netzwerke, Smartphones und Tablets hat sich die Kommunikation der Gesellschaft stark verändert und findet immer stärker im Internet statt. Dadurch ist der Bürger gläsern geworden. Wer Informationen fleißig sammelt, weiß, was jeder denkt und fühlt. Das ist eine perfekte Umgebung für die Werbeindustrie, was Unternehmen wie Facebook, Google und Co geschickt zu nutzen wissen. Es ist aber auch eine perfekte Umgebung für einen Gesinnungsstaat, der die Menschen bis ins kleinste Detail ausspionieren kann. Diese Gefahr scheint den meisten Nutzern der neuen Medien gar nicht bewusst zu sein. Den Netzpolitiker von Notz treiben solche Banalitäten nicht um. Er hat eine ganz andere, gegenteilige Mission. Er nutzt das Internet, um selber die Gesinnung der Bürger auszuspionieren und gegen diese zu verwenden. Man könnte dies als so eine Art Stasitätigkeit der Neuzeit bezeichnen, Schnüffeln im Auftrag der Mächtigen.

Sascha Lobo, das ist der Herr mit der nicht mehr ganz modischen Irokesenfrisur, schlägt bei seinen zahlreichen Auftritten im zwangsfinanzierten Staatsrundfunk in die gleiche Kerbe. Er gehört nicht zur Staatsmacht, sondern ist freischaffender

Künstler, was man ihm zugutehalten muss. Seine Gesinnungsschnüffelei ist jedoch nicht besser. Bei der DDR-Stasi gab es inoffizielle Mitarbeiter. Bei der modernen Gesinnungspolizei gibt es freiwillige Mitarbeiter, die mit großer Begeisterung auf ihre Mitmenschen schimpfen und deren Verachtung propagieren. Herr Lobo nennt seine Mitbürger, die er gar nicht kennt und die niemandem auch nur ein einziges Haar gekrümmt haben, sogar Terroristen, nur aufgrund von verbalen Fehltritten in den sozialen Medien. Noch hat er nicht ausgesprochen, was konsequenterweise aus seinen Aufrufen folgen könnte: die Verhaftung und Internierung von Menschen, deren Gedanken den Mächtigen in diesem Staat nicht genehm sind. In bestimmten Fällen gibt es schon heute Ermittlungen und Verurteilungen aufgrund von unbedachten Äußerungen in sozialen Netzwerken. Der Straftatbestand: Volksverhetzung. Meistens geht es dabei um konkrete Themen, bei denen unser Staat aus historischen Gründen keine Gnade kennt. Manch ein grüner Gesinnungsschnüffler würde allzu gerne den Themenkatalog drastisch erweitern, so dass mit ein wenig Willkür fast jeder denunziert und eingesperrt werden könnte. Das von George Orwell beschriebene 1984 könnte so mit ein paar Jahrzehnten Verzögerung immer mehr zur Wirklichkeit werden.

Selbstverständlich sind viele Äußerungen in den Kommentarspalten und in den sozialen Medien unfein. Die Schreiber sind dabei in der Regel in Rage und überziehen ihre Wut. Dann wird auch schon einmal geschimpft gegen Ausländer, Moslems, Zigeuner, Frauen, Männer, Eltern, Lehrer, und so weiter. Jeder tadellose Scheinheilige sollte einmal in sich gehen, ob er nicht auch schon einmal wütend war, zum Beispiel weil ihn der Chef oder der Ehepartner geärgert hatte. In einer solchen Situation rutscht einem auch schon mal eine unbedachte Äußerung heraus. Nicht nur im Internet, sondern überall in den Kneipen, in den Unternehmen, in den Behörden und in den Familien rasten die Menschen aus, sind wütend, schimpfen, und so weiter. Das ist völlig normal und darf nicht überinterpretiert werden. Was früher der Stammtisch war, ist heute das Internet. Gepöbelt wird immer. Unsere Politiker sollten eine gute Politik machen. Das ist ihre Aufgabe. Ihre Aufgabe ist es nicht, die Menschen zu erziehen und zu belehren. Ihre Aufgabe ist es auch nicht, die Gesinnung Einzelner in Stasi-Manier auszuspionieren, die Menschen in Schubladen zu stecken und dann pauschal zu verurteilen. Scheinbar sieht die Mehrheit der heutigen Politiker dies völlig anders. Es ist eben bequemer, zu schimpfen, als verantwortungsvoll zu handeln.

Die Freiheit steht heutzutage leider nicht hoch im Kurs. Das zentrale Prinzip der Freiheit ist, dass jeder tun und lassen und sagen und denken darf, was er möchte. Die einzige Einschränkung ergibt sich dadurch, dass er damit nicht die Freiheit anderer beschneiden darf. Eine Gesinnungs-Erziehung ist ein Instrument der Unterdrückung, das heißt der Unfreiheit. Den nicht-totalitären Politiker erkennt man daran, dass er den manchmal durchaus überzogenen Unmut in der Bevölkerung nicht kommentiert, sondern allenfalls daraus Aufgaben ableitet, Lösungen anbietet und umsetzt. Darüber hinaus muss man gegenüber einfachen (machtlosen) Bürgern bei verbalen Fehltritten auch einmal ein Auge zudrücken können.

Im übrigen fällt auf, dass Kommentare im Internet zum Migrationsthema fast zu 100 Prozent regierungskritisch sind. Viele Kommentare sind dabei durchaus beachtenswert. Manche Leserbeiträge sind sogar humorvoll. Grünen Welcome-Partyhechten wird aber vermutlich sogar bei solchen humorvollen Beiträgen schlecht. Ein Beispiel vom „Handelsblatt“ soll dies einmal verdeutlichen. Dort äußerte sich in einem Interview der FDP-Politiker Karl-Heinz Paqué sehr abfällig gegenüber der Konkurrenzpartei AfD, insbesondere auch wegen deren Haltung zur Einwanderungspolitik. Fast in jedem Satz fiel der Begriff „Populisten“, was, wie erwähnt, ein Ausdruck nackter Arroganz ist. Die Leser, die dieses Interview kommentierten, waren nahezu zu 100 Prozent empört darüber. Ein Leser schrieb:„Was ist denn ein Rechtspopulist, Herr Paqué? Jemand, der die Einhaltung des Rechtsstaats einfordert? Oder gar ein Nazi? Wie wäre es mit Einhalten von Verträgen und dem Beachten von Gesetzen? Wer dies fordert, ist kein Rechtspopulist, sondern ein Patriot!"

Ein anderer Leser antwortete auf diesen Kommentar wie folgt:„Ein Rechtspopulist ist heute jeder Deutsche, der seinen Kopf zum selbständigen Denken benutzt. Die anderen haben ihren Kopf offenbar nur, damit ihnen, wenn es regnet, nicht das Wasser in den Hals läuft."

Manche Menschen können über solche Kommentare schmunzeln. Anderen Vertretern der Spezies Homo sapiens wird dabei schlecht. Man sollte Mitleid mit solchen Exemplaren haben.

Was geschah in Heidenau?

In einer freien Gesellschaft hat die Presse die Aufgabe, die Menschen zu informieren und das Treiben der Mächtigen zu hinterfragen. Bei uns in Deutschland geht die Presse mit den Mächtigen ins Bett und beschimpft jeden Bürger, der es wagt, das Regime zu kritisieren. Tatsachen stören dabei nur.

Die Empörung ist wichtiger als die Fakten

In der sächsischen Kleinstadt Heidenau haben sich Vorfälle ereignet, die von derart hoher Bedeutung zu sein scheinen, dass fühlbar unentwegt darüber berichtet wurde. Kanzlerin, Vizekanzler und andere Politiker ließen alles an Arbeit stehen und liegen, um nach Heidenau zu pilgern. Unerhört sei das, was sich dort abgespielt habe. Ein „Pack" seien diese Sachsen, das hinter Gitter gehöre, so der Vizekanzler Sigmar Gabriel (SPD). Peinlich für unser Land sei dies, so Bundestagspräsident Norbert Lammert (CDU). Wer nicht schnell genug war mit den drastischen Empörungsäußerungen, den bestrafte das schlechte Gewissen. Heidenau gilt inzwischen als Synonym für rechtsextreme „Hetze" gegen „Flüchtlinge". Der Bundespräsident, der früher einmal Pfarrer war, sprach tatsächlich von „Dunkel-Deutschland", eine Anspielung auf das Kfz-Kennzeichen von Dresden, das zur pauschalen Diskriminierung der dortigen Umgebung verwendet wird.

Was ist dort eigentlich geschehen? Diese Frage kann kaum ein Bürger beantworten. Zwar gab es in den Zeitungen und in den Rundfunknachrichten tagelang kaum ein anderes Thema, aber was dort genau geschah, darüber wurde nur äußerst bruchstückhaft berichtet. Irgendwie schien dies nicht wichtig. Die politmediale Elite hatte eine Mission zu erfüllen, da passen Tatsachen ganz schlecht ins Konzept. Die Berichterstattung konzentrierte sich daher zu 99 Prozent auf die inszenierte Selbstdarstellung der Missionare und auf das Aufbauschen eines vorgeblichen Rechtsradikalen-Problems. Das Volk und insbesondere die da im Osten seien alles potentielle Bösewichte. Sie seien angeblich ausländerfeindlich, rassistisch, revisionistisch, faschistisch und was den scheinheiligen Gutmenschen-Priestern noch so alles einfällt auch. Wie schön, dass es noch Zivilcourage gibt in unserem Land. Insbesondere der Einsatz der Antifa und des Schwarzen Blocks war ein deutliches Zeichen dafür, dass der bis weit in die Mitte reichende Rassismus nicht einfach so hingenommen wird. Okay, der letzte Satz wurde so nie gesagt. Die gewaltbereite linksextreme Szene wird zwar vom Staat großzügig finanziell bezuschusst, aber öffentlich loben möchte diese Schlägertrupps dann doch niemand.

Wenn man die Bürger in diesem Fall ausnahmsweise einmal über die Ereignisse neutral informiert hätte, könnten diese die Geschehnisse selbst bewerten. Dazu benötigen sie nämlich keine Politiker. Die Politiker sollten lieber ihre Hausaufgaben in der Zuwanderungsfrage machen, was sie nicht tun. Auf andere Menschen schimpfen ist halt viel bequemer, als tatkräftig zu handeln. Die Unverschämtheiten sind daher auch ein Ausdruck von Faulheit.

Friedliche Demonstrationen an drei Tagen

In Heidenau, einer Kleinstadt mit circa 16.000 Einwohnern, die ein paar Kilometer südöstlich von Dresden liegt, wurde ein ehemaliger Baumarkt der in Konkurs gegangenen Praktiker-Kette zu einer Erstaufnahme-Unterkunft für etwa 600 Einwanderungswillige umgebaut. Die Einwohner wurden, wie üblich, vor vollendete Tatsachen gestellt und erst sehr spät informiert. Diese Geheimniskrämerei war auch notwendig, weil viele Bürger der Kleinstadt mit dem Vorhaben nicht einverstanden waren. Diese Stimmung machte sich die örtliche NPD zunutze und meldete in den Tagen vor dem Einzug der ersten Migranten drei Kundgebungen (zwischen dem 19. und 21. August 2015) an. Man kann davon ausgehen, dass nur sehr wenige Teilnehmer NPD-Mitglieder waren. Die NPD ist eine relativ kleine Partei, der Ortsverband in Heidenau ist noch relativ jung. Dennoch kamen zu den Demonstrationen nach Polizeiangaben jeweils bis zu 1.000 Menschen, darunter auch viele Familien. Die Demonstranten zogen durch den Ort und trugen ihren Protest vor das Rathaus. Die letzte Demonstration startete und endete an einem Platz mit dem Namen „Platz der Freiheit“ in der Nähe des S-Bahnhofs. Gegen 19:15 Uhr wurde die Versammlung aufgelöst. Die Demonstration verlief (wie auch die beiden ersten Kundgebungen) friedlich, über Zwischenfälle wurde nicht berichtet.

Für die meisten Menschen, insbesondere im Westen der Republik, ist die NPD so etwas wie der Inbegriff des Ekels, irgendwo zwischen Darmgrippe und Fußpilz angesiedelt. Tatsächlich tummeln sich in dieser Partei zahlreiche merkwürdige Gestalten, darunter auch Menschen, die früher einmal in der FAP waren, einer Kleinstpartei, die gerne mit NSDAP-ähnlichen Symbolen durch die Gegend zog und irgendwann einmal verboten wurde. Neben diesen sogenannten Neonazis gibt es dort auch welche, die man als »Alt-Nazis« bezeichnen könnte, weil sie die nationalsozialistische Herrschaft zwischen 1933 und 1945 beschönigen und wesentlich positiver bewerten, als es angesichts der belegten Verbrechen angebracht wäre. Auch Mitarbeiter des Verfassungsschutzes sollen NPD-Mitglied sein, offiziell natürlich nur, um den Feind auszuspionieren. Was der Verfassungsschutz sonst noch damit bezwecken könnte, darüber soll hier der Mantel des Schweigens gehüllt werden. Das Programm der NPD erinnert weitgehend an Forderungen der Linkspartei. Der Staat soll möglichst allmächtig sein und das soziale Füllhorn über die benachteiligten Menschen im Land schütten. Um die vielen Sozialleistungen zu sichern oder möglichst zu steigern, sollen Ausländer (und hier ergibt sich eine Variante zu den roten Sozialisten) nicht bedacht werden. Damit bliebe mehr für die Deutschen, so die Logik. Parlamente werden abgelehnt. Stattdessen soll öfter das Volk befragt werden. Damit unterscheidet sich die NPD deutlich von allen anderen größeren Parteien, die die parlamentarische Demokratie beibehalten wollen.

Warum, so fragen sich viele Westdeutsche, geht man auf eine Demonstration, die von der NPD angemeldet wurde? Dazu muss man die Mentalität der Sachsen berücksichtigen. Die Sachsen sind ein recht selbstbewusstes Volk, das sich keine Achse des Bösen vorschreiben lassen möchte. Für die meisten Sachsen ist daher die NPD eine Partei unter vielen, die am demokratischen Wettbewerb teilnimmt. Besonders viele Anhänger hat die NPD deswegen nicht. Bei der letzten Landtagswahl scheiterte sie an der Fünf-Prozent-Hürde. Man kann es auch positiv bewerten: Die Sachsen schätzen den demokratischen Wettbewerb und sind der Meinung, dass die Bewertung von Parteien nicht von der Wahrheitspresse diktiert, sondern an der Wahlurne entschieden werden soll. Wenn die Menschen ein politisches Anliegen haben, wie in Heidenau, dann gehen sie dafür auch einmal auf die Straße, ganz egal wer die Demonstration angemeldet hat. Die Demonstrationen richteten sich im vorliegenden Fall auch nicht gegen die Einwanderer (die noch überhaupt nicht da waren), sondern gegen die Lokalpolitiker, die der unverhältnismäßig hohen Zahl an Neu-Bewohnern zugestimmt hatten.

Gereizte Stimmung in der Nacht

In der Nacht vom 21. auf den 22. August (nach 22 Uhr) sollten die ersten neuen Bewohner in den ehemaligen Baumarkt einziehen. Etwa 30 jüngere Personen versuchten die Hauptstraße des Ortes zu blockieren, um die Einfahrt der Busse zu verhindern. Die Polizei räumte die Sperren, allerdings gab es wiederholte Blockadeversuche. Darüber hinaus versammelten sich immer mehr Schaulustige auf dem Parkplatz des Baumarkts vor der noch leeren Erstaufnahmeeinrichtung. Am Ende waren dies etwa 600 Personen, darunter viele Frauen und Kinder. Über 100 Polizeibeamte aus Dresden waren im Einsatz und hatten offenbar die Aufgabe, den Platz vor dem Baumarkt zu räumen. Nach Polizeiangaben wurde dabei Pfefferspray eingesetzt. Nach unbestätigten Angaben könnte aber auch Tränengas eingesetzt worden sein, auch gegen die anwesenden Kinder. Die Lage eskalierte. Laut Polizeiangaben wurden die Polizisten mit Steinen, Flaschen und Feuerwerkskörpern beworfen. Unter den Schaulustigen kam es zur panikartigen Flucht. Laut einem ersten Polizeibericht wurden bei den Auseinandersetzungen 31 Polizeibeamte verletzt, einer davon schwer. In einem späteren Polizeibericht wurden keine Verletzten mehr erwähnt. Es gab an diesem Abend auch keine Festnahmen. Warum es keine Festnahmen gab, bleibt ein Mysterium.

Linksextremisten rücken an

Vermutlich aufgrund der erwähnten (friedlichen) Demonstrationen hat sich die gewaltbereite linksextreme Szene Sachsens organisiert und reiste mit etwa 250 Personen, vermutlich aus dem Raum Leipzig, am 22. August nach Heidenau. Die ersten Migranten waren am frühen Morgen bereits eingezogen. Die Linksextremisten hielten eine Kundgebung „gegen rechts“ und für die unbegrenzte Aufnahme von „Flüchtlingen“ ab. Nach und nach fanden sich auch circa 250 Personen von Gegnern der Massenzuwanderung ein. Die Polizei hielt beide Gruppen getrennt. Vermutlich kam es zu verbalen Gehässigkeiten zwischen den beiden Gruppen, was offenbar Aggressionen bei den Gegendemonstranten auslöste. Einige von ihnen dachten sich dann einen Schlachtplan aus, um durch die Polizeisperre zu den linken Demonstranten durchzubrechen, was misslang. Nach Polizeiangaben wurden dabei zwei Beamte verletzt. Die Polizei bewertete dies als massiven organisierten Angriff auf ihre Beamten. Auch in diesem Zusammenhang gab es keine Festnahmen. Lediglich eine Person wurde später festgenommen, weil sie eine leere Bierflasche Richtung Zuwanderungsbefürworter geworfen haben soll, wobei aber niemand getroffen, geschweige denn geschädigt wurde. Dem Werfer wurde versuchte Körperverletzung vorgeworfen.

Linksextremisten schlagen zu

Am darauffolgenden Abend (Sonntag, den 23. August) kam es zum dritten Einsatz der Dresdner Polizei. Wiederum demonstrierten etwa 200 Personen des linken Spektrums vor der Erstaufnahmeeinrichtung. Die Gegner wurden durch Kontrollen und Platzverweise ferngehalten und spielten keine Rolle. Auf dem Weg zum S-Bahnhof (die Heimreise musste angetreten werden) griffen die linken Demonstranten (die teilweise vermummt und mit Schlagstöcken bewaffnet waren) plötzlich eine Gruppe von drei Unbeteiligten an, in der Vermutung, es handele sich um deren Feinde. Eine der drei angegriffenen Personen lag verletzt am Boden. Es kam zu Rangeleien zwischen den linken Demonstranten und der Polizei, die die Angreifer zurückdrängen wollte, um ein Totprügeln zu verhindern. Auch hier soll es zum Einsatz von Pfefferspray gekommen sein und verletzte Beamte (durch Linke) gegeben haben.

Bewertung

Auch wenn es noch eine Reihe von Fragen gibt, kann man die Sachlage einigermaßen bewerten. Im Grunde genommen waren die Vorfälle, gemessen an dem, was sonst so in der Welt geschieht, völlig harmlos, ja geradezu langweilig. Politisch haben sie aber eine gewisse Brisanz. Unsere Politiker werben offen für eine weitere Zunahme von Migrationsströmen nach Deutschland. Dieser Einladung folgen immer mehr Menschen aus benachteiligten Gegenden der Welt. Durch die Kündigung des Dublin-Abkommens ist klar, dass möglichst alle Migranten aus dem Nahen Osten, aus Afrika und aus Asien nach Deutschland kommen sollen. Möglichst alle sollen auch dauerhaft in Deutschland bleiben. Offenbar möchte man Deutschland mit einer unbegrenzten Zahl an Einwanderern „überfluten". Wo soll dies hinführen? Viele Bürger sind mit dieser Politik nicht einverstanden. Nicht nur im Osten, sondern auch im Westen der Republik wird darüber diskutiert. Die Zuwanderer sollen vom Unmut in der einheimischen Bevölkerung aber möglichst nichts mitbekommen.

Ein gesundes, natürliches Bauchgefühl bei den in Deutschland wohnenden Menschen (nicht nur in Heidenau) weist darauf hin, dass die Sache auf Dauer nicht gutgehen muss. Unsere oberen Politiker und Journalisten wollen davon aber überhaupt nichts hören. Um die Kritiker der ungehemmten Völkerwanderung mundtot zu machen, werden sie mit einer Reihe von Bezeichnungen versehen, die völlig überzogen sind. Die üblichen Beschimpfungen reichen vom „braunen Mob" und „Nazi" zum berüchtigten „Pack", das hinter Gitter gehöre. Auf dieser Basis wird jede Debatte im Keim erstickt. Die verbreiteten Berichte, in Heidenau habe es „rechtsextreme" Gewalt gegen Zuwanderer gegeben, kann als glatte Lüge bezeichnet werden. Asylbewerber waren weder beteiligt noch betroffen. Die Auseinandersetzungen spielten sich zwischen zwei verfeindeten Gruppen mit gegenteiligen Ansichten und der Staatsmacht ab. Wie weit kann die polit-mediale Elite die dreisten Lügen noch steigern? Skatspieler wissen: Wer überreizt, der verliert.

Der Fall Akif Pirinçci

Ein vielseitiger Schriftsteller

Akif Pirinçci ist ein in der Türkei geborener Mensch, der im Alter von zehn Jahren mit seinen Eltern nach Deutschland eingewandert ist. Er war somit selber einmal ein Einwanderer, dem es gelungen ist, sich in Deutschland zu integrieren und dort auch beruflich erfolgreich zu sein. Viele der derzeit nach Deutschland strömenden Menschen träumen von einem solchen Weg, aber nicht alle werden es schaffen. Wie so oft, verläuft auch ein erfolgreicher Weg nicht immer gradlinig. Das intelligente Kind besuchte zunächst ein Gymnasium und wechselte von dort auf die Realschule. Auch hier war er den Anforderungen offenbar nicht gewachsen, denn er blieb nicht lange und wechselte auf die Hauptschule, wo er seinen Schulabschluss machte. Für einen Türken ist es nicht einfach, Deutsch zu lernen, da die beiden Sprachen nicht viel miteinander zu tun haben. Natürlich ist es für Kinder etwas einfacher, aber ein erfolgreicher deutscher Buchautor zu werden, ist für jemanden, der eine andere Muttersprache hat, eine ordentliche Leistung. Pirinçcis erster Roman war eine Liebesgeschichte. Der große Durchbruch erfolgte dann mit seinen Krimi-Romanen, in denen Katzen die Hauptrollen spielen. Sein Katzenkrimi „Felidae" wurde sogar mit Zeichtrickfiguren verfilmt. Berühmte Schauspieler wie Mario Adorf, Helge Schneider und Klaus Maria Brandauer sprachen dabei die Stimmen der Katzen.

Im Jahr 2014 publizierte Akif Pirinçci dann sein erstes politisches Buch. In „Deutschland von Sinnen: Der irre Kult um Frauen, Homosexuelle und Zuwanderer" beschrieb er seine ablehnende Haltung gegenüber der rot-grünen Gesellschaftspolitik. In den „Spiegel"-Bestsellerlisten hielt sich das Buch wochenlang in den Top 10. Seine Formulierungen sind teilweise humorvoll und nachvollziehbar, teilweise aber auch etwas (zu) derb für feinfühlige Geschmäcker. Dass so viele dieses Buch lesen wollten und gekauft haben, gibt ihm natürlich recht in dem Sinne, dass die darin vertretenen Ansichten veröffentlicht werden müssen.

Radikalisierung, Übertreibungen und Beleidigungen

Pirinçcis öffentliche Auftritte sind größtenteils misslungen. Zu vulgär beschimpfte er dort seine Gegner, so dass es vielfach als Beleidigung ausgelegt werden kann, und ganz jugendfrei sind seine Pöbeleien auch nicht immer. Ob sein Erfolg ihm zu Kopf gestiegen ist oder ob er ein ewiger Kindskopf sein möchte, ist nicht ganz klar. Möglicherweise ist er auch so ein eigenwilliger Typ, der gerne aneckt und sich ungerne irgendwelchen Regeln anpasst, auch nicht simplen Höflichkeitsformeln. Möglicherweise hat er sich auch in einer Welt im Internet verirrt, in der viele anonym vom Leder ziehen und rücksichtslos andere Gruppen beleidigt und beschimpft werden. Sein als witzig gemeinter Internetauftritt als „kleiner Akif" kippt dabei schon mal über das Witzige zum Unverschämten über. Beurteilen müssen es letztlich die Leser, seine Fans und auch die Öffentlichkeit. Man braucht sich dann aber auch nicht wundern, wenn manche Menschen seine Ausführungen als geschmacklos empfinden.

Bei aller Kritik darf man aber nicht aus dem Auge verlieren (und dies gilt selbstverständlich für alle politischen Ansichten und unpolitische Fehltritte), dass kein Mensch perfekt ist und dass niemand einen anderen Menschen moralisch in seiner ganzen Existenz verurteilen sollte. Das Gebot der Nächstenliebe gilt immer, auch und gerade gegenüber Andersdenkenden, Gegnern, Feinden und gegenüber Menschen, die sich daneben benommen haben. Kein Mensch ist in seinem ganzen Wesen ein Ungeheuer, sondern jeder hat Stärken, Schwächen, verhält sich in einer Situation vorbildlich und im nächsten Moment falsch. Niemand macht alles falsch oder alles richtig. Menschen sind nicht gut oder schlecht, sondern vielfältig.

Der Pegida-Auftritt am 19. Oktober 2015

Am Montag, den 19. Oktober, war Akif Pirinçci nach Dresden eingeladen, um dort auf der Pegida-Demonstration eine Rede zu halten. Da Pirinçci kein guter Redner ist, hat er seine Ansprache vorher schriftlich formuliert, um sie in Dresden vorzulesen. Einen Tag vor seinem Auftritt schrieb er auf seine Web-Seite folgendes:

„Morgen, also Montag, werde ich anlässlich des einjährigen Bestehens von Pegida in Dresden auftreten und einen hübschen Text vorlesen, der in Sachen Wutrede in diesem Lande Maßstäbe setzen wird. Es wird um die Verbrechen gehen, die man dem Volk gegenwärtig antut. Man erwartet bis zu 30.000 Leute, ich glaube, dass es mehr werden. Ach, Herr Staatsanwalt, bitte immer den Gesamtzusammenhang sehen und sich keine Wort-Rosinen rauspicken. So doof bin ich nämlich auch nicht. Gruß und Kuss! Euer kleiner Akif".

Die „Maßstäbe", die Herr Pirinçci dann in Dresden gesetzt hat, luden jedoch nicht zur Begeisterung ein. Seine Ansprache kam bei den über 30.000 Demonstranten nicht besonders gut an. Zu vulgär beschimpfte er nicht nur seine politischen Gegner, sondern auch die Migranten und insbesondere Muslime in einer pauschalen Art und Weise, die beim Publikum Magengrummeln verursachte. Da war von „Moslem-Müllhalden" die Rede und von Invasoren, die über deutsche Frauen herfallen, um in sie „ihren Moslem-Saft reinzupumpen". Wenn wir uns einmal kurz in die Lage eines Demonstranten hineinversetzen, der sich solche geschmacklosen Unverschämtheiten anhören muss, dann verstehen wir, dass sich dieser wie im falschen Film fühlen musste. Nach anfänglicher höflicher Zurückhaltung begannen die Menschen zu buhen und zu pfeifen. Ein Mensch kann ja viel ertragen, aber muss so etwas sein? Auch den Pegida-Organisatoren wurde es irgendwann zu bunt, und sie schritten ein und beendeten den jämmerlichen Auftritt des kleinen Akif. Dieser hatte keine Maßstäbe gesetzt, sondern sich gehörig blamiert und damit auch der Pegida-Bewegung geschadet.

Anzeige wegen Volksverhetzung

Nun hätte die Presse am nächsten Tag über die Vorfälle in Dresden berichten können. Aber die Pegida genießt, wie bekannt, dort kein hohes Ansehen. Das Nicht-leiden-können beruht dabei auf Gegenseitigkeit. „Lügenpresse" rufen die Pegida-Demonstranten jeden Montag immer wieder im Chor. Also interessierte man sich bei den Mainstreammedien gar nicht für die missglückte Rede und die Empörung der Zuhörer darüber, sondern man war erbost darüber, dass ein Bestsellerautor überhaupt bei der Pegida auftritt und spricht. Pegida, das ist für unseren Propagandaapparat so etwas wie die Inkarnation des Bösen. Wer dort spricht, ist ein Fall für die heilige Inquisition und für die Exorzisten (die Teufelsaustreiber) unter den Journalisten. Und wenn es gegen den Teufel geht, dann gibt es keine Regeln, schon gar keine des Anstands oder der Wahrhaftigkeit. Ironischerweise geschah dann genau das, was der kleine Akif auf seiner Website am Vortag angekündigt hatte: Die Staatsanwaltschaft schaltete sich ein, um gegen Pirinçci wegen „Volksverhetzung" zu ermitteln. Dabei wurde, wie vom Beschuldigten am Vortag angekündigt, eine Wort-Rosine herausgepickt, ohne den Gesamtzusammenhang zu beachten.

Die Ansprache war natürlich nicht von vorne bis hinten vulgär bis obszön, sondern enthielt auch mehr oder weniger seriöse Passagen und genau hier fanden seine Feinde die besagte Rosine. Pirinçci kritisierte die manchmal geäußerte Aufforderung der Massenzuwanderungsbefürworter an die Kritiker, doch bitte Deutschland zu verlassen, wenn ihnen die Einwanderungspolitik der Bundesregierung nicht gefällt. Das entsprechende Demokratieverständnis scheint in der Tat merkwürdig. Muss eine Opposition, das heißt die Gruppe der Regierungsgegner, das Land verlassen, damit es im Land keine Opposition mehr gibt? Das klingt doch eher nach einer Diktatur. Akif

Pirinçci kommentierte dieses Ansinnen mit scharfen Worten. Er sagte:

„Offenkundig scheint man bei der Macht die Angst und den Respekt vor dem eigenen Volk so restlos abgelegt zu haben, dass man ihm schulterzuckend die Ausreise empfehlen kann, wenn es gefälligst nicht pariert. Es gäbe natürlich andere Alternativen, aber die KZs sind ja derzeit außer Betrieb."

Die Aussage konnte im Grunde genommen kaum missverstanden werden. Wenn unsere Machthaber eine Diktatur errichten wollen, dann droht Regimekritikern wie Pirinçci das Konzentrationslager. Bei der Aussage handelt es sich also zweifelsfrei um die Äußerung der Sorge, dass die Mächtigen im deutschen Staat die Meinungsfreiheit weiter beschneiden könnten und dass die Mächtigen immer härter gegen Oppositionelle vorgehen könnten. Natürlich war die Formulierung eine sarkastische Übertreibung. Was ganz eindeutig ist: dass Pirinçci Konzentrationslager scharf ablehnt.

Wer den lustigen Monty-Python-Kultfilm „Das Leben des Brian" kennt (wer kennt den nicht?), der erinnert sich an eine Szene, bei der ein harmloser alter Mann gesteinigt werden soll, weil er das Wort „Jehova" gesagt hatte. Nun hatte Pirinçci das Wort „KZ" gesagt und wurde deswegen angeklagt und medial gesteinigt. Dass er KZs ablehnt und nicht befürwortet, wird dabei einfach ins Gegenteil verkehrt. Das Erstaunliche ist, dass in der Presse alle beim Mobbing gegen den Autor mitgemacht haben. Alle haben wissentlich und vorsätzlich eine Aussage ins Gegenteil verdreht, um einen Menschen hinzurichten. Das Wort „Lügenpresse" trifft in diesem Zusammenhang den Nagel mittig auf den Kopf. Es gab nicht einen einzigen „Mainstream-Journalisten" der hier einmal die Sache richtiggestellt hätte. Keine Zeitung war bereit, seine Rede im Original abzudrucken, was sehr blamabel für den Autor gewesen wäre, aber eben auch für die Hetzmeute der Medien.

Offenbar war Blamieren nicht genug für jemanden, der es wagte, bei Pegida zu sprechen. Als notwendig erachtet wurde die völlige Existenzvernichtung dieses Menschen. Er soll zwar nicht in ein KZ, aber immerhin in ein Gefängnis gesperrt werden. Auch hierdurch erhielt die Aussage im Nachhinein einen wahren Kern.

Vernichtung einer Existenz

Was passiert, wenn die Presse eine „Sau" durchs Dorf treibt, wurde bereits bei Christian Wulff oder Tebartz-van Elst eindrucksvoll demonstriert. Die Hexenjagd gegen Akif Pirinçci folgte dem gleichen Muster. Der Bertelsmann-Verlag nahm die Katzenkrimis aus seinem Programm. Bücher eines Volksverhetzers werden nicht verlegt, so die Botschaft. Auch die anderen Buchverlage, für die er geschrieben hatte, kündigten ihm. Die großen Buchhändler wie Amazon, Thalia und andere verkaufen seine Bücher nicht mehr. Natürlich dürfen private Unternehmen frei entscheiden, was sie verkaufen und was nicht. Wenn aber der Staat mit seinem Gewaltmonopol gegen einen Menschen vorgeht und gleichzeitig eine Vorverurteilung von den Massenmedien gefordert wird, dann haben diese Unternehmen, wenn sie sich selbst schützen wollen, kaum eine andere Wahl.

Eine Buchhandlung aus dem westfälischen Hamm wollte es allerdings übertreiben. Sie kündigte an, die noch vorrätigen Bücher des Autors öffentlich zu schreddern. „Um ein Zeichen zu setzen", hieß es. Das erinnert sehr stark an die Bücherverbrennung durch die Nationalsozialisten. In seinem Wohnort Bonn teilte der Besitzer eines Restaurants, in dem Pirinçci öfter essen geht, der Zeitung „Express" mit, dass man dem Autor sofort die Ausgangstür zeigen würde, wenn er dort noch einmal auftauchen sollte. Mehrere Cafés kündigten an, diesem Herrn keinen Kaffee mehr einschenken zu wollen. Solche Aktionen sind menschenverachtend. Das ist Mobbing in Reinform.

In einem Interview meint der Ausgestoßene, dass er auf offener Straße angepöbelt werde. Der öffentliche Hass, der diesem Menschen entgegenschlägt, kennt keine Grenzen mehr. In einer Zeitung seien Fotos von seinem Haus sowie seine Adresse veröffentlicht worden. Der Zweck dieser Aktion sei es, so seine Befürchtungen, Gewaltanschläge auf ihn und auf sein

Haus zu ermöglichen. Da er nicht mehr angstfrei in Deutschland leben kann, überlegt er sich, das Land zu verlassen. Es wäre dann seine zweite Auswanderung und seine dritte Heimat, die er sich suchen müsste. Ist das die Ironie des Schicksals? Wir erinnern uns, in der entscheidenden Passage seiner Pegida-Rede hatte er sich über die Aufforderung beklagt, dass Regimegegner dazu aufgefordert würden, das Land zu verlassen. In seinem Fall ist genau diese Aufforderung mit Umständen verbunden, bei denen man kaum „nein" sagen kann.

Die Brutalität, mit der die Auseinandersetzung seitens der Wahrheitspresse geführt wird, soll die Bürger einschüchtern und in ihrer Meinungsfreiheit beschränken. Leider fehlt den meisten Menschen die Sensibilität, dies zu erkennen, insbesondere dann, wenn man für die Massenzuwanderung plädiert oder der Regierung in dieser Sache vertraut. Meinungsfreiheit ist aber immer die des Andersdenkenden. Dies wird leider kaum begriffen.

Kann man in Deutschland öffentlich seine Meinung frei und unbefangen äußern?

Der Mannheimer Bürger Wolfgang Rettig betreibt seit 2013 auf Youtube einen privaten Videokanal. Dort spricht er regelmäßig in eine Webcam und äußert seine Gedanken zur Lage der Nation. Immerhin über 2.000 Abonnenten sind registriert, und die Beiträge haben Niveau und regen zum Nachdenken an. In einem der Videos erzählte er von seinen Erfahrungen vom 25. Jahrestag der deutschen Einheit am 3. Oktober 2015. Am Mannheimer Paradeplatz machte er eine private Umfrage mit Passanten, ganz hausbacken mit Klemmbrett und handgeschriebenen Fragen. Sieben Fußgänger konnte er befragen und rund um die Fragen Gespräche mit den Passanten führen. Das Thema war die Massenzuwanderung. Dabei stellte sich heraus, dass die sieben Passanten die Zuwanderungswelle überwiegend gelassen bis positiv bewerteten. Die von Herrn Rettig gestellte Frage Nummer sechs von insgesamt acht Fragen soll hier einmal etwas näher beleuchtet werden. Er fragte: „Kann man zum Thema Zuwanderung in der Öffentlichkeit seine Meinung frei und unbefangen äußern?" Von den sieben Passanten beantworteten diese Frage fünf mit „ja" und zwei mit „nein". Bei einem älteren Paar erläuterte Herr Rettig, warum er diese Frage gestellt hatte. Viele Leute hätten eine Scheu, ihre Meinung unbefangen in der Öffentlichkeit zu äußern, wenn sie Bedenken gegen die Massenzuwanderung haben, aber nicht als „rechts" gelten wollen. Die beiden Passanten, die beide mit „ja" geantwortet hatten, zeigten offenbar Verständnis. Daraufhin hakte Herr Rettig nach und fragte, ob das „ja" darauf basiere, dass man seine Meinung dann frei äußern dürfe, wenn sie politisch korrekt sei. Er wies darauf hin, dass die Meinungsfreiheit eigentlich doch gerade dann auf dem Prüfstand stehe, wenn es um die Meinung Andersdenkender gehe. Er hatte das Gefühl, dass die Passanten durchaus begriffen hatten, dass man so ganz unbefangen besser nicht seine Meinung äußern sollte, wenn sie nicht systemkonform ist. Da sie aber keine Systemkritiker waren, sahen sie ihre eigene Meinungsfreiheit nicht beeinträchtigt. Diese Auffassung von Meinungsfreiheit fand Herr Rettig seltsam.

Die geschilderte Haltung der Passanten scheint allerdings symptomatisch zu sein. Viele Bewohner in unserem Land (vermutlich die große Mehrheit) dürften ganz ähnlich denken. Die Meinungsfreiheit wird als selbstverständlich und nicht bedroht betrachtet, weil die Mehrheit mit der in den Massenmedien (der Wahrheitspresse) verbreiteten Parolen kein Problem hat und dort ein ausreichendes Meinungsspektrum abgebildet sieht. Die täglich berichtete Propaganda wirkt dabei wie eine gründliche Gehirnwäsche. Für die Konsumenten dieser Medien ist das Ganze wunderbar bequem. Wenn man einfach die verkündeten Botschaften glauben und nachplappern kann, braucht man seinen eigenen Denkapparat nicht mehr zu bemühen. Die denkfaulen Opportunisten können sich überhaupt nicht vorstellen, dass es auch außerhalb dieses immer enger werdenden Ansichts-Korridors respektable Standpunkte geben könnte. Die Lügen der Presse werden überhaupt nicht hinterfragt. Wer vom sogenannten politischen Konsens gründlich genug eingelullt wurde, hat scheinbar nichts dagegen, wenn jegliche Kritik am angeblich alternativlosen Einheitsbrei als kriminell oder mindestens als extrem gefährlich eingestuft wird. Wenn kritische Äußerungen gegen die Mächtigen als unberechtigt abgewiesen und mit totalitären Methoden verhindert werden, empfinden die meisten Menschen dies nicht als störend.

Diese Erkenntnis ist sehr ernüchternd und besorgniserregend. Die von den Mächtigen in Staat und Presse betriebene Gesinnungsdiktatur wird von der Mehrheit anscheinend nicht als eine solche wahrgenommen. Ohne die Meinungsfreiheit (gemeint ist hier natürlich eine wirkliche Meinungsfreiheit im

Sinne von Wolfgang Rettig) ist die Freiheit aber insgesamt erledigt. Die Konsequenz ist ein mächtiger Unrechtsstaat, dessen Machthaber nicht mehr an die eigenen Regeln und Gesetze gebunden sind. Der kleine Mann und die kleine Frau bekommen das ganze Gewaltmonopol des Staates schmerzhaft zu spüren, wenn sie nicht spuren. Die Mächtigen können hingegen nach Gutsherrenart herrschen und völlig skrupellos die Gesetze brechen, wenn der subjektiv als wichtig erachtete Zweck die Mittel heiligt. So muss der deutsche Steuerzahler zum Beispiel für die Schulden fremder Staaten haften, obwohl das gegen alle getroffenen Vereinbarungen und auch gegen das Demokratieprinzip verstößt. Bei der Migrantenschwemme wird ein milliardenschweres Schlepperwesen politisch gefördert, indem zur illegalen Einreise ermuntert wird. Die für jeden Staat existentiell notwendige Grenzsicherung wird einfach per Erlass stillgelegt. Wer dies kritisiert, wird in die „rechte" Ecke genagelt und mundtot gemacht. An diesen Beispielen wird deutlich, dass ohne die Meinungsfreiheit kein Rechtsstaat möglich ist.

Deutschland ist ein Sklavenstaat geworden. Um aus dem Stadium des Jammerns herauszukommen, müssen wir uns fragen, was nun zu tun ist. Die Befreiung von der Sklaverei kann nur gelingen, wenn wir uns von der Gesinnungsdiktatur befreien. Dazu muss das Thema Meinungsfreiheit auf der Prioritätenliste ganz nach oben, auf Platz eins, rutschen. Die Euro-Frage, die Massenzuwanderung, der ausufernde Staat und so weiter mögen alles wichtige Themen sein. Ohne die Meinungsfreiheit bringen diese Themen aber nichts. Man braucht sie nicht anzusprechen. Ein Appell an alle Linken, Rechten, Patrioten, Anarchisten, Liberalen, Libertären, Nationalen, Internationalen und so weiter lautet: Kämpft gemeinsam für die Meinungsfreiheit! Nur wenn dieser Kampf gewonnen wird, kann die notwendige sachliche Debatte stattfinden. Damit stoßen wir zum Kern. Wie soll die Zukunft Deutschlands gestaltet werden?

Kapitel 3 – Was wird aus Deutschland?

Will Angela Merkel das durchhalten?

Die enorme Migrantenschwemme ist für Deutschland existenzbedrohend. Natürlich ist dies kein Naturereignis, sondern die Folge von einem politischen Fehlverhalten. Insbesondere die Bundeskanzlerin trägt mit ihrer Einladungspolitik ein großes Maß an Verantwortung. Der Standardspruch der Bundeskanzlerin „Wir schaffen das" wirkt in diesem Zusammenhang gespenstisch und lässt sich mit der realen Situation nur schwer in Einklang bringen. Auch die seelenlose Beschimpfung derjenigen, die der Realität ins Auge sehen, als Rassisten, Braune, Mischpoke und so weiter ändert überhaupt nichts am nüchternen Befund. Lediglich über das zu erwartende Ausmaß der Probleme könnte man streiten. Im Mainstream hat man aber keine Lust dazu. Wie beim Untergang der Titanic macht man lieber noch eine Flasche Sekt auf und feiert sich selbst als menschenfreundliche Superhelden. In anderen Ländern wirkt dieses bizarre Gehabe abschreckend.

Sind sie wieder da, die größenwahnsinnigen Deutschen? Über Hitler hatte einmal ein Mitstreiter geschrieben, er sei durch die Vergötterung in den Propagandamedien des Herrn Goebbels noch wahnsinniger geworden, als er es ohnehin schon war. Was löst es bei Angela Merkel aus, wenn Migranten aus aller Herren Länder zur „heiligen Angela" pilgern und unterwegs vor Kameras ein Merkel-Foto unentwegt küssen? Es ist nicht auszuschließen, dass die Bundeskanzlerin von der ihr entgegengebrachten Verehrung beeinflusst wird. Eher ist aber zu vermuten, dass sie das kalt lässt und dass sie nüchtern an die Zukunft denkt, selbstverständlich weniger an die Zukunft der Nation als an ihre eigene Machtperspektive.

Bei aller Euphorie dürfte ihr nicht verborgen bleiben, dass die Gefühlslage im Inneren der Deutschen eine andere ist als der von den Medien nach außen getragene sichtbare Jubel auf den Bahnsteigen der Republik. Sollte der Menschenstrom sich über den Winter abschwächen, dann können alle erst einmal durchatmen. Aus dem „Wir schaffen das" dürfte dann womöglich ein „Wir haben es geschafft" werden. Was ist aber, wenn es im Frühjahr 2016 wieder wärmer wird? Wollen wir im Sommer 2016 eine deutsche Welcome-Party 2.0? Dann nicht nur mit einer, sondern mit zwei Millionen Eindringlingen? Bis zur nächsten Bundestagswahl gibt es auch noch einen weiteren Sommer 2017. „Refugees-Come-in 3.0" könnte dann das Motto sein. Irgendwann werden auch die wildesten Party-Biester des Feierns müde. Und dann? Dann könnte die Stimmung kippen und die heilige Angela vom Sockel gestürzt werden. Wenn die Liebe der Getreuen in Wut umschlägt, wird es emotional richtig unangenehm für die jetzt noch umjubelte Kanzlerin. Das könnte im Extremfall auch existenzbedrohend für die ganze CDU sein. Deutschland wäre dann nicht mehr Frau Doktor Merkels Land. Folgerichtig könnte ihre Partei sie dann in den Sibirienurlaub schicken, wo sie spüren wird, dass die versprochene Klimaerwärmung ausbleibt. Als Nachfolger müsste man einen knochenharten Macher aufbieten, der dann das genaue Gegenteil von Angela Merkel propagiert und auch durchsetzt. Doch wer soll das sein? Ursula von der Leyen, die neue eiserne Lady? Das ist schwer vorstellbar.

Was plant die Bundeskanzlerin? Wenn sie ihre Line weiter durchhält, dann werden immer mehr Migranten kommen. Dass dies gutgehen könnte, ist völlig ausgeschlossen. Ist Angela Merkel wirklich so naiv? Oder wird sie gar fremdgesteuert oder erpresst? Es ist anzunehmen, dass Angela Merkel sich nicht davonjagen lassen möchte. Auch an eine Verschwörung gegen Deutschland mag man kaum glauben. Irgendetwas muss passieren, und zwar recht bald. Gibt es einen geheimen Plan, eine Strategie? Will sie Deutschland ins Chaos stürzen, um unbemerkt ganz andere Dinge durchzusetzen? Die Bürger sollten sehr wachsam sein. Möglicherweise kommt es irgendwann zum großen Crash. Dann wird es darauf ankommen, zielstrebig zu einer besonnenen Politik zurückzukehren.

Der Niedergang der deutschen Kulturnation

In unseren bewegten Zeiten wachsen bei vielen Mitbürgern die Sorgen um die Zukunft Deutschlands. Die vielen Zuwanderungsbewerber, die unkontrolliert in unser Land strömen, kommen zum großen Teil aus sehr fernen Ländern. Sie stammen aus anderen Kulturkreisen, wie es so schön heißt. Die meisten gehören muslimischen Religionsgemeinschaften an. Vergleiche mit Fluchtbewegungen in Deutschland am Ende des Zweiten Weltkriegs oder aus der DDR nach Westdeutschland hinken daher an allen Fronten. Die Aufnahme von Deutschen in Deutschland ist nicht vergleichbar mit der heutigen Überschwemmung mit fremden Menschen aus der ganzen Welt. Linke und Grüne sowie deren Mitstreiter mögen hier einwenden, dass man die Menschheit nicht in Einheimische und Fremde aufspalten sollte. Schließlich handelt es sich um menschliche Individuen. Solche Worte schmeicheln dem liberalen Freidenker, insbesondere wenn sie aus dem Munde von Kommunisten oder grünen Moralaposteln kommen, die bei anderen Gelegenheiten so gerne die Kollektivkarte spielen und jegliches individuelle Ausscheren aus dem Einheitsbrei verbieten möchten.

Mit Blick auf unsere Gesellschaft und deren Zusammensetzung stellen sich jedoch gewisse Fragen. Was für eine Gesellschaft wollen wir haben? Sollen sich die Zuwanderer in die Gesellschaft der Einheimischen integrieren, oder muss dies nicht sein? Muss ein Einwanderer die deutsche Sprache verwenden, oder ist es Privatsache? Aus liberaler Sicht gibt es dazu klare Antworten: Ein Zuwanderer muss sich nicht integrieren und er muss auch kein Deutsch können. In einer freien Gesellschaft herrschen Kultur- und Religionsfreiheit. Der Staat hat sich bei solchen Fragen nicht einzumischen, es ist reine Privatsache. Die Freunde des Nationalstaats werden an dieser Stelle schlukken und die liberalen Prinzipien mit Argwohn betrachten. Soll unser Deutschland vor der muslimischen „Invasion“ kapitulieren? Dürfen wir uns nicht wehren gegen die Islamisierung? Soll Deutschland nicht deutsch bleiben dürfen? Diese Fragen sollte man nicht vorschnell mit plumpen Parolen verwechseln oder gar mit noch plumperen Gegenparolen beantworten. Gefragt ist wie immer eine differenzierte Betrachtungsweise.

Zunächst muss man zugestehen, dass es eine deutsche Kulturnation gibt. Diese existiert ganz unabhängig von irgendeinem Staat und auch unabhängig von einer Verfassung eines Nationalstaats. Die deutsche Sprache ist dabei ein ganz zentrales Element. Darüber hinaus gibt es aber auch andere natürlich gewachsene Sitten, Werte und Verhaltensweisen, die die deutsche Kulturnation charakterisieren. Im Rahmen der Asylbewerberwelle der 90er Jahre kam aus den Reihen der CDU der Begriff der „Leitkultur“ auf, an der sich die Zuwanderer orientieren sollten. Gebracht hat diese Debatte nichts. Die deutsche Kultur basiert nicht auf dem Leitwolf-Gedanken. Bedingt durch die zentrale Lage in Europa gab es immer wieder Einflüsse von außen, und Deutschland war nie so zentral organisiert wie andere Staaten. Im Gegenteil: Deutschlands Stärke ist seine kulturelle Vielfältigkeit. Mit der Kulturhoheit der Bundesländer wird diesem Umstand Rechnung getragen. Vielfalt bedeutet allerdings nicht Beliebigkeit. Die deutsche Nation ist durchaus emotional und tiefgreifend miteinander verbunden und als gemeinsame Kulturnation zu begreifen. Diese Kultur ist aber natürlich gewachsen und lebendigen Veränderungen unterworfen. Sie kann aufblühen, aber auch verwelken. Aktuell scheint sie letzteres zu tun.

Das Problem unserer Kultur ist gleichzeitig das Problem des dahin darbenden Liberalismus. Das deutsche Volk ist nicht frei, sondern den Menschen sind zahlreiche Fesseln angelegt, die eine freie Entfaltung ihrer positiven Kräfte blockieren. Das politische Umfeld wirkt wie ein nährstoffarmer Boden, auf dem unsere Kultur nicht blühen kann, sondern verdorren muss. Nach dem Zweiten Weltkrieg lag Deutschland in Trümmern, nicht nur materiell, sondern auch moralisch. Wie konnte es zum Nationalsozialismus und zum Holocaust kommen? Was sind Tugenden und Werte, die so etwas zulassen konnten, wert? Diese Fragen standen im Raum und wurden zunächst verdrängt. Viele Deutsche haben nicht nur weggeschaut, sondern sogar aktiv mitgemacht beim Nationalsozialismus. Es gab viel zu tun in den Nachkriegsjahren, und die zwölf Jahre waren vorbei. Viele bundesdeutsche Würdenträger einschließlich Bundeskanzler und Bundespräsidenten waren (geläuterte) NSDAP-Mitglieder. Dann kam die sogenannte Studentenrevolution, die auch „68er-Generation“ genannt wird. Dabei wurden nicht nur die eigenen Väter, sondern gleich alle deutschen Vorfahren verteufelt. Aus dieser Bewegung ist später die Partei der Grünen hervorgegangen. Viele Grüne waren ausgewiesene Maoisten. Nach dem Vorbild Maos wollten sie eine Kulturrevolution in Deutschland, was ihnen schließlich auch gelungen ist. Es waren die Kinder der Tätergeneration. Sie stellten die verdrängten Fragen nach Schuld. Das Fatale war, dass die Revoluzzer den deutschen Werten und Tugenden die Schuld am Nationalsozialismus gaben und andere Interpretationen nicht gelten lassen wollten. Dabei passten weder die totalitären Methoden noch der zentrale allmächtige Nazi-Staat zur deutschen Kultur. Die deutsche Kulturnation ist auf die Freiheit angewiesen, mehr noch als andere Nationen.

Die Ziele der grünen Politik, nämlich alle Wurzeln unserer Kulturnation abzuschneiden und uns neue Werte einzupflanzen, müssen zum deutschen Untergang führen. Das ist durchaus gewollt. Die Grünen wollen eine neue (moderne) Leitkultur vorgeben, die zu den Deutschen überhaupt nicht passt. Das Experiment wird daher vermutlich in einer ähnlichen Katastrophe wie beim Nationalsozialismus enden. Wer die Politik der Grünen verfolgt, merkt, dass das wichtigste Politikfeld der Grünen die Gesellschaftspolitik ist. Für Liberale hingegen hat sich die Politik nicht in gesellschaftliche Belange einzumischen. Politiker sollten die Gesellschaft und deren Wertvorstellungen in Ruhe lassen, wenn es sein muss per Verfassungsverbot. Als die

Grünen mit Gerhard Schröder an die Macht kamen, wurde als erstes die sogenannte Homo-Ehe eingeführt, denn klassische Familien waren und sind das Feindbild. Klimarettung, Gender-Mainstreaming, Kita-Pflicht und ähnliche Wertvorstellungen sollen die neue Kultur prägen und zwar weltweit mit Deutschland an vorderster Front der Kampfzone. Diese Agenda wird ohne Rücksicht auf Verluste durchgeprügelt.

Die kulturellen Vorstellungen der meisten einwandernden Muslime sind dabei mit den grünen Werten ganz und gar nicht kompatibel. Die vielen Zuwanderer dürften eher familiäre Vorstellungen mitbringen, die hierzulande als ultrakonservativ, revisionistisch oder als rechtsradikal eingestuft würden. Tatsächlich ist der Islam auch in anderen Bereichen durchaus vielfältig und eher dezentral organisiert. Letztlich ist es den Muslimen egal, was die grünen „Idioten" schwafeln, denn sie halten sich an ihre eigenen Regeln. Warum wollen dann aber die Grünen, dass möglichst viele Muslime einwandern? Möglicherweise steckt eine Strategie dahinter. Vermutlich hofft man insbesondere muslimische Frauen für eine neue Emanzipationsbewegung gewinnen zu können und damit den Islam zu vernichten. Wer nicht mitmacht, soll in einer Art Gleichgültigkeitsstarre versinken. Als Fernziel soll nicht nur die deutsche Kulturnation, sondern auch der Islam verschwinden und durch eine neue Welt-Leitkultur ersetzt werden. Das Leitbild ist der zentral gesteuerte Superstaat, der das Leben der Menschen streng bestimmen soll. Die neue Diktatur soll zunächst die EU und langfristig die ganze Welt umfassen.

Die Frage ist, ob die Überfremdung durch die Migrantenschwemme diesen Prozess beschleunigt. Eine selbstbewusste deutsche Kulturnation würde sich erstens gar nicht von Millionen von Migranten überschwemmen lassen, sondern sich wehren, und zweitens hätte sie genügend eigene Strahlkraft, um Zuwanderer auch in hoher Zahl zu integrieren, und zwar ganz ohne Zwang. Ein vernünftiges christliches Familienbild wäre auch für die Kinder von Muslimen weitaus attraktiver als die ständigen Schwulen-Nackt-Paraden in Deutschlands Städten.

Wenn aber eine sich im Niedergang befindliche Kultur nichts Positives anzubieten hat, dann gewinnen andere Weltanschauungen an Attraktivität. Zur Auswahl stehen dann nur noch der Islam oder die grünsozialistische Götzenreligion mit Verehrungszeremonien für Homosexuelle und Klimaschützer. Der Islam wird dabei erheblich überschätzt, denn seine Blütezeit ist bereits seit 500 Jahren vorbei. Das Ergebnis des Kulturkampfes steht somit bereits fest. Durchsetzen wird sich der Sozialismus, der sein Erscheinungsbild immer wieder wechseln wird. Für die Zukunft der deutschen Kulturnation gibt es zwischen diesen Fronten wenig Hoffnung.

Theoretisch könnten sich die Deutschen wehren. Wir könnten aus der EU austreten, ein eigenes wertstabiles Geld einführen (wobei die Annahmepflicht vollständig entfallen sollte), demokratische Spielregeln einführen (bei denen der Parteienfilz und die Korruption durch mächtige Organisationen weniger gefördert werden), den Staat drastisch zurückführen, das Land nach innen und außen entschlossen verteidigen, eine friedliche und an Völkerfreundschaft orientierte Außenpolitik sowie eine freie Handelspolitik betreiben und die Freiheit im eigenen Land einschließlich Kultur- und Religionsfreiheit verteidigen. So schön dies alles klingt, ist es fraglich, ob Deutschland dazu noch die Kraft hat. Der kulturelle Zerfall ist bereits weit vorangeschritten. Wir sollten dennoch für ein freies und starkes Deutschland mit freien und starken Menschen, also für ein Wiedererblühen der deutschen Kulturnation werben. Dies sind wir unseren Kindern schuldig. Schließlich kann niemand die Zukunft sicher vorhersagen, und die Hoffnung stirbt zuletzt.

Besonnenheit statt Gewaltspirale

Was möchten unsere Politiker und unsere Journalisten mit ihren brutalen Angriffen gegen Andersdenkende bezwecken? Man sollte hier keine vorschnellen Unterstellungen verbreiten. Tatsache ist, dass man dadurch bei den Angegriffenen sehr viel Wut und Verzweiflung und auch Angst erzeugt. Nach dem Motto „getroffene Hunde bellen" werden einige der Gemobbten zum Gegenangriff blasen und mit ähnlichen Unverschämtheiten antworten. Das wiederum berechtigt die Machthaber erst recht, auf die Opposition einzuprügeln. Es entsteht eine Spirale der Gewalt, zunächst verbal und später auch in Form von Handgreiflichkeiten. Auch könnte sich der Zorn bei einigen gegen die Migranten richten, und es könnte wie vor 20 Jahren zu hässlichen Szenen vor Migrantenunterkünften kommen. Viele Befürworter der Massenzuwanderung beschwören dies ja immer wieder herauf, als ob sie es gar nicht erwarten könnten, dass endlich etwas Schlimmes passiert. Wenn die ersten Asylbewerber von asozialen Neonazis ermordet werden, dann kann Deutschland wieder weltweit als Nazi-Land beschimpft werden. Ist es das, was unsere Journalisten wollen? Braucht unsere polit-mediale Elite mordende Neonazis, damit sie für die Taten die Opposition verantwortlich machen und damit ihre eigene Macht zementieren kann? Die Befürchtung, dass die politische Auseinandersetzung mit immer mehr Brutalität auf allen Seiten geführt wird, scheint begründet. Viele Menschen rechnen damit. Das könnte schlimme Konsequenzen haben, und zwar nicht nur für die Opfer, sondern für die ganze Gesellschaft. Es droht eine Diktatur.

Für Adolf Hitler war es nützlich, als der Reichstag brannte und er die Brandstiftung pauschal allen KPD-Mitgliedern in die Schuhe schieben konnte. Sein Ermächtigungsgesetz, mit dem er die Weimarer Verfassung außer Kraft setzte, begründete er mit den Unruhen im Land. Manche behaupten sogar, er hätte selber den Reichstagsbrand legen lassen, um seine eigenen politischen Ziele besser durchsetzen zu können. Letztendlich spielt es aber gar keine Rolle, wer der Brandstifter war. Hitler hat die Tat dazu benutzt, eine Diktatur zu errichten. Unsere heutige Regierung soll natürlich nicht mit den Nationalsozialisten verglichen werden. Nazi-Vergleiche sind immer unangebracht, egal von welcher Seite. Wozu hier sensibilisiert werden soll, ist die genaue Beobachtung, wie unsere Politiker und Journalisten auf abscheuliche Gewaltverbrechen reagieren und wie so etwas von den Mächtigen politisch ausgeschlachtet wird.

Man muss unglaublich achtsam sein, wenn Konflikte eskalieren und wenn es zu Gewalttaten kommen sollte. In einer solchen Situation werden ganz schnell von den Mächtigen wichtige Freiheitsrechte beschnitten. Viel besser wäre aber eine Mäßigung im Sinne einer besonnenen Deeskalation. Wenn abscheuliche Gewalttaten stattfinden, dann sollte der Großteil der Energie der Solidarität mit den Opfern gelten. Opfer von Gewaltverbrechen werden nur allzu oft im Stich gelassen, weil man alle Aufmerksamkeit auf die Täter lenkt. Die Täter sollte man politisch nicht wichtig nehmen und sie stattdessen für die begangenen Taten hart bestrafen. Mord ist Mord und keine politisch zu diskutierende Tat. In jedem Fall darf man die Taten keinem unbeteiligten Dritten oder gar pauschal irgendwelchen Gruppen oder Parteien anlasten. Pauschale Schubladenverurteilung ist etwas Verwerfliches. Von Politikern kann man allerdings erwarten, dass sie sich mit dem politischen Gegner solidarisieren, wenn er Opfer von Gewalt wird. Es geht um einen menschlichen Umgang miteinander.

Als positives Vorbild soll in diesem Zusammenhang der AfD-Politiker Björn Höcke genannt werden. Der Fraktionschef im Thüringer Landtag ist in den Medien so etwas wie ein zentrales Hassobjekt. Er gilt daher in weiten Teilen der Bevölkerung als der Inbegriff des Bösen schlechthin. Seine oft mit übertriebenem Pathos vorgetragenen Reden wirken manchmal etwas befremdlich. Selbst in der AfD hat Höcke keine Mehrheit und fühlt sich missverstanden. Für den Bundesvorstand kandidierte er nicht, weil nach seiner Ansicht ein verzerrtes Bild von seiner Person gezeichnet worden sei. Nach einer Messerattacke auf die den Grünen nahestehende Kölner Oberbürgermeisterin Henriette Reker machte die Journalistin Anja Reschke bei Günther Jauch Björn Höcke den Vorwurf, dass diese Gewalttat angeblich zu seinem Vaterlandsverständnis gehören würde. Dies war natürlich ein ungeheuerlicher und völlig aus der Luft gegriffener Vorwurf, den Höcke als unerträgliche Unverschämtheit anprangerte. Er stellte unmissverständlich folgendes klar:

„Was in Köln passiert ist, ist unentschuldbar. Das ist entsetzlich. Ich bin selbst als Politiker leider auch schon oft bedroht worden, und ich weiß, wie sich das anfühlt. Und ich kann der Kollegin nur gute Besserung wünschen und dass sie ihre politische Karriere und ihren politischen Weg mit voller Kraft fortsetzen kann."

Björn Höckes Ausführungen zu dem Anschlag waren einfach perfekt formuliert. Genau so sollte man auf Gewalttaten reagieren. Er hat nicht nur Mitgefühl mit der politischen Gegnerin bewiesen, sondern sich auch noch mit ihr vollständig solidarisiert und ihr auf ihrem politischen Weg Erfolg gewünscht. Anstatt sich nur herzlos und unglaubwürdig mit nichtssagenden Floskeln von der Tat und von Gewalt allgemein zu distanzieren, hat er hier Menschlichkeit bewiesen. Er hat die Tat zum Anlass genommen, sich mit dem politischen Gegner zu versöhnen, und damit ein richtiges Zeichen für besonnenes Handeln gesetzt. Leider war dieser Fall eine Ausnahme. Andere Politiker und Journalisten nutzen Gewalttaten, um die Gewaltspirale weiter anzuheizen. Die Politiker aller Parteien haben es selber in der Hand, ob sie sich das Verhalten von Höcke in der beschriebenen Situation zum Vorbild nehmen wollen oder nicht. Wir Wähler sollten genau hinsehen und die besonnenen Köpfe entsprechend unterstützen.

Warum man den Kopf nicht in den Sand stecken sollte

„Denk ich an Deutschland in der Nacht, Dann bin ich um den Schlaf gebracht, Ich kann nicht mehr die Augen schließen. Und meine heißen Tränen fließen.“ Dieser legendäre Anfangsvers des Gedichts „Nachtgedanken“ des bedeutenden und erfolgreichen deutschen Schriftstellers Heinrich Heine wird oft zitiert. Nicht ganz klar ist, was der Dichter damit genau gemeint hat. Als er die Zeilen im Jahr 1843 verfasste, lebte er im französischen Paris. Seine Liebe zum deutschen Vaterland und zur deutschen Sprache war stark. Die politischen Zustände in seiner Heimat bewogen ihn aber bereits im Jahr 1831, Deutschland zu verlassen. Heine befürwortete die Freiheit und konnte die preußische Zensur nicht mehr ertragen. Seine Sorgen, die ihm den Schlaf raubten, betrafen somit vermutlich die politischen Zustände am Rhein.

Auch heute, im Jahr 2015, ein Vierteljahrhundert nach der großartigen Wiedervereinigung in vermeintlicher Freiheit, ist nicht jeder Deutsche mit den politischen Zuständen in unserem schönen Land vollauf zufrieden. Insbesondere für Liberale sind die Zeiten düster. Im Bundestag feiern sozialistische und strukturkonservative Abgeordnete zusammen Party. Eine Opposition gibt es nicht. Die FDP, die die Freiheit wenigstens im Namen trägt, wurde vor die Tür gesetzt. Die noch sehr junge AfD, in der sich viele klassische Liberale und Liberal-Konservative tummeln, hat es knapp nicht geschafft. Wer hier einwendet, dass dies eine demokratische Wahlentscheidung der Bürger gewesen sei, liegt nicht ganz falsch, aber auch nicht ganz richtig. Denn die Wähler werden von der Presse massiv manipuliert. Die Machtpositionen in Staat und Presse sind von Leuten besetzt, die konsequent totalitäre Strukturen fördern und unser Land aus freiheitlicher Sicht in den Abgrund stürzen. Die Lage scheint ähnlich ernst zu sein wie im Jahr 1843, als Heinrich Heine in seinen Nachtgedanken weinte.

Da ist zum einen das heutige Thema Geld. Die Deutschen wurden gegen ihren Willen gezwungen, ihre Währung aufzugeben. Zur Beruhigung hatte man feste Regeln vereinbart, die das Papier nicht wert sind, auf dem diese Regeln notiert wurden. Der Staat gibt sich keinerlei Mühe mehr, noch ein Rechtsstaat sein zu wollen. Unser Land wurde einfach verkauft beziehungsweise zur Plünderung durch ausländische Banken freigegeben. Jeder weiß, dass es unter dem Titel „Griechenland-Rettung“ nicht um die Idee einer verbesserten Wettbewerbsfähigkeit von Griechenland geht, sondern dass Deutschland sich bei irgendwelchen internationalen Finanzhäusern zur ewigen Zahlung verpflichtet. Die Deutschen wurden quasi versklavt und müssen für fremde Geldhaie schuften, ohne dafür eine Gegenleistung zu erhalten. Möglich macht dies ein durch US-amerikanische Investmentbanken betriebenes Schuldgeldsystem, das man auch „Falschgeldsystem“ nennen könnte. Die Banken dürfen aus dem Nichts Geld schöpfen, und die Deutschen sind durch staatlichen Zwang dazu verpflichtet, dieses Falschgeld anzunehmen und dafür echte Werte abzugeben. Wer dieses System durchschaut, merkt, dass wir Opfer von Räubern sind. So drastisch muss man dies leider ausdrücken.

Das zweite, nicht minder problematische Thema sind die Freiheitsrechte. Die Stasi könnte man als relativ menschenfreundliche und harmlose Organisation bezeichnen gegenüber dem, was uns heutzutage blüht. Durch die neuen technischen Möglichkeiten droht die totale Überwachung, wie sie selbst von George Orwell in seinen schlimmsten Phantasien niemals ausgedacht werden konnte. Die heutigen Geheimdienste verfügen über Daten, die jeden Menschen in seinem ganzen Wesen erfassen. Alle Vorlieben, das komplette Bewegungsprofil, alles, was der Mensch tut und denkt, wird elektronisch erfasst und gespeichert. Und nicht nur, was jeder denkt, sondern auch, was jeder einmal gedacht hat, kann dazu verwendet werden, harmlose Menschen hinter Gitter zu bringen. Eine aus dem Zusammenhang gerissene Äußerung, die jemand vor fünf Jahren im Suff bei Facebook eingestellt hatte, genügt. Beim Straftatbestand Volksverhetzung gibt es manchmal sogar Haftstrafen ohne Bewährung. Das Schlimme an dem Spiel ist vor allem, dass mit solchen Methoden nicht jeder gleich behandelt wird. Insbesondere missliebige Personen können vollständig durchleuchtet und fertig gemacht werden. Aus Sicht der Mächtigen reicht bereits jede Art der Opposition. Daher haben immer mehr Menschen Angst, und eine Opposition gibt es so gut wie nicht. Wer Hassparolen im Internet gegen Oppositionelle verbreitet, hat überhaupt nichts zu befürchten. Wehe aber, wenn man systemkritisch ist! Dann werden einem die eigenen Äußerungen so lange entstellt, bis man selber glaubt, man gehöre auf die Folterbank. Insbesondere die Bemühungen des Justizministers, neue Schnüffelstrukturen aufzubauen, stoßen bei freiheitsliebenden Menschen sehr sauer auf.

Als drittes Thema muss die hier thematisierte Migrantenschwemme genannt werden. Was in Deutschland derzeit abläuft, ist der absolute Wahnsinn. Mit staatlicher und überstaatlicher Unterstützung werden kriminelle illegale Wanderungsbewegungen nach Deutschland angeheizt und betrieben. Gesetze und internationale Vereinbarungen spielen so gut wie keine Rolle mehr. Auch für die Völkerwanderer ist diese Politik kein Vergnügen, denn viele Reisende kommen dabei qualvoll ums Leben. Die einzigartige Zerstörung unseres Vaterlandes wird ohne Rücksicht auf Verluste knallhart durchgezogen. Es wird kaum Gewinner geben, sondern fast nur Verlierer. Warum macht unsere Bundesregierung so etwas? Auch dies kann man als Verbrechen am eigenen Volk bezeichnen. Cui bono? Wem nützt dies?

Zwischen den Themen könnte es Zusammenhänge geben. Die passenden Verschwörungstheorien darf sich jeder selbst ausdenken. Niemand kann es genau wissen. Frei nach Oliver Janich kann man aber sagen, dass in der Politik nichts zufällig geschieht. Ganz besonders übel ist bei der beschriebenen Tragödie die Rolle der Presse. Als freie Presse kann man unsere

„Wahrheitspresse“ auf gar keinen Fall mehr bezeichnen. Wie bei George Orwell ist es eine mächtige Propagandamaschine, die hier läuft. Gerade beim Migrationsthema sieht man an den Kommentaren (wenn sie ausnahmsweise einmal freigeschaltet sind), wie weit sich die veröffentlichte Meinung bereits von der im Volk vorhandenen Meinung entfernt hat. Die Unverschämtheiten, die sich unsere selbsternannten Eliten in Politik und Medien leisten, werden immer dreister. Entsprechend zunehmend ist die Wut im deutschen Volk. Was ist zu tun?

Viele denken daran, es wie Heinrich Heine zu machen. Wohin soll man auswandern? Paris ist keine Option mehr, denn dort ist es nicht wesentlich besser als bei uns. Die meisten träumen von fernen Ländern wie Kanada, Australien oder Neuseeland. Ist das eine Lösung? Wollen wir kapitulieren? Sollen wir unser Vaterland aufgeben? Resignation? – Nein, danke! Geben Sie nicht auf! Unser Land, unsere Kulturnation, unser Volk hat noch nicht ausgedient. Auch wenn es momentan schlecht aussieht, noch ist Deutschland nicht verloren. Es lohnt sich, für die Freiheit zu kämpfen. Dem von Gerd-Lothar Reschke (Youtube, „GLR Wertperspektive“) erfundenen Motto „Für ein freies und starkes Deutschland mit freien und starken Menschen“ kann man mit Freuden zustimmen. Wer flüchtet, entzieht sich nur seiner Verantwortung. Was wir brauchen, sind mutige Mitstreiter, die sich nicht einschüchtern lassen. Es wurde genug gejammert und lamentiert. Wir brauchen wieder mehr Optimismus, damit wir die notwendigen Kräfte für die notwendigen Veränderungen freisetzen können.

Illegale müssen raus

Unsere geistig nicht immer ernst zu nehmenden Vorturner betonen gerne, dass wir die „Flüchtlinge“ so dringend brauchen, um unsere Kinderfeindlichkeit auszugleichen und unsere Altersvorsorge zu sichern. Das bedeutet, man will gar keine Flüchtlinge haben, sondern Einwanderer, je mehr, desto besser. Was für ein Glück für unsere Irrlichter, dass es sich bei den illegal Einreisenden tatsächlich gar nicht um Flüchtlinge handelt, sondern um Einwanderungs-Bewerber. Das Wort „Flüchtling“ wird von beiden Seiten nur benutzt, um an Recht und Gesetz vorbei die gewünschte Einwanderung zu betreiben. Aus rechtlicher Sicht ist diese Art der Einwanderung schlicht illegal. Daher ist die Reise der absichtlich Einreisenden auch so teuer und so lebensgefährlich. Alleine auf dem Mittelmeer ertrinken etwa drei Prozent. Dazu kommen Todesfälle auf dem Landweg, so dass das Risiko so etwas wie ein Russisches Roulette ist. Wäre die Einreise legal, könnten die Menschen ganz bequem und sicher einen Billigflug buchen und wären ruck zuck hier. So müssen sie mit der Hilfe der organisierten Kriminalität illegale Wege nach Deutschland suchen. Flüchten muss von Österreich nach Deutschland niemand. Es gibt in Deutschland demnach keine Flüchtlinge, sondern nur absichtlich illegal eingereiste Eindringlinge, kurz Illegale. Was diese Illegalen an Deutschland schätzen, ist neben dem Sozialsystem unsere Illegalen-Willkommenskultur, die vorwiegend von der polit-medialen Elite propagiert wird aber in der Bevölkerung überwiegend skeptisch betrachtet werden dürfte.

Es läuft etwas gewaltig schief in unserem ehemaligen Rechtsstaat. Was ist zu tun? Es ist ganz einfach. Recht und Gesetz müssen wieder hergestellt werden. Die illegale Einreise muss sofort unterbunden werden. Selbstverständlich kann man die grüne Grenze nicht zu 100 Prozent kontrollieren, das heißt, es wird auch in Zukunft Illegale geben. Diese und auch die schon eingedrungenen Illegalen müssen, wenn sie erwischt werden, umgehend wieder außer Landes gebracht werden. Um es klar und deutlich zu sagen: Die illegal Eingereisten müssen wieder raus. Das ist gar nicht so schwer zu verstehen und völlig logisch. Das ist auch nicht böse oder unmenschlich oder faschistisch, sondern nichts anderes als die Durchsetzung von Recht und Gesetz, wie es für einen hochentwickelten Rechtsstaat selbstverständlich ist. Oder wollen wir kein Rechtsstaat, sondern ein Unrechtsstaat sein? Dann sollten wir uns in „Bananenrepublik Deutschland" umbenennen. Nein? Also dann, Frau Bundeskanzlerin: Sagen Sie, dass die illegal Eingereisten wieder raus müssen! Und dann erledigen Sie diese Aufgabe! Handeln statt jammern ist angesagt. Dafür werden Sie und Ihr Beamtenapparat von uns Steuerzahlern bezahlt! Oder treten Sie zurück und überlassen die Arbeit einem Nachfolger, wenn Sie das nicht organisieren können!

Um es nicht zu vergessen: Fast niemand in Deutschland ist ausländerfeindlich. Auch eine Einwanderung wird von der Mehrheit befürwortet, aber bitte nach Recht und Gesetz. Die Parteien mögen sich Einwanderungsgesetze ausdenken und bei der nächsten Bundestagswahl dafür ehrlich werben. Legale Einwanderer dürfen dann gerne zu uns kommen, aber alle illegalen Zuwanderer müssen wieder gehen. Die Frage, wie dies umgesetzt werden soll, ist nicht von Bedeutung. Auch nicht, ob damit gegen irgendwelche EU-Richtlinien oder gegen Verordnungen des deutschen Aufenthaltsrechts verstoßen wird. Es geht darum, was wir deutschen Staatsbürger wollen und was wir nicht wollen. Das müssen wir klipp und klar sagen. Wo ein Wille ist, ist dann auch ein Weg. Gesetze und Verordnungen kann man ändern und gegen EU-Richtlinien, die nicht in unserem Interesse sind, kann man sich politisch wehren. Wir müssen als Land endlich erwachsen werden und souverän unsere Interessen vertreten, wozu selbstverständlich auch die Freundschaft mit anderen Völkern zählt. Die selbstzerstörerische Willkürpolitik ist hingegen ein Zeichen von Schwäche, was auch im Ausland nicht geschätzt wird.

Souveräner Bürger gesucht

Hintergrund

Auf einer Veranstaltung mit dem AfD-Politiker Alexander Gauland Ende Juni 2015 im bayrischen Grassau meldete sich aus dem Publikum ein Bürger mit einer unter den Systemrebellen nicht seltenen Frage an den Politiker. Welche Möglichkeit, so der besorgte Bürger, habe ein nicht-souveräner Staat überhaupt, eine eigenständige Politik zu betreiben? Die Meinungsfreiheit sei nicht gegeben, weil die Politik in Deutschland jenseits des Atlantiks bestimmt würde. Gauland erklärte, dass er diese Frage jedes Mal gestellt bekomme. In seiner Antwort stellte er folgendes klar: Wir sind souverän! Nur seien wir im Kopf nicht souverän. Es könne uns überhaupt niemand zu irgendetwas zwingen. Selbst wenn Verträge mit den Vereinigten Staaten existieren, können wir solche Verträge auch kündigen. Wer will uns daran hindern? Das Problem seien nicht irgendwelche Verträge (oder ein fehlender Friedensvertrag), sondern es sei die Unfähigkeit unserer Regierung, deutsche Interessen zu definieren. Wir hätten inzwischen so viele Scheren im Kopf, dass Frau Merkel gar nicht auf die Idee komme, eine souveräne Politik zu machen.

Diese bemerkenswerte Feststellung Gaulands gilt nicht nur für die Politik, sondern auch für jeden Einzelnen. Trotz erheblicher Drohungen durch Antifa, Wahrheitspresse und breite Bündnisse gegen Eigenständige dienen diese Unverschämtheiten doch vorwiegend der Einschüchterung. Tatsächlich leben wir (zum Glück) immer noch in einem relativ freien Land, und die Konsequenzen unliebsamer Äußerungen sind meistens weit weniger schlimm, als es in brutalen Diktaturen der Fall wäre. Natürlich gibt es extreme Beispiele medialen Mobbings, aber wenn die Anzahl derjenigen, die sich nicht mehr alles gefallen lassen, zunähme, dann könnten solche Tribunale die Mächtigen eher entlarven, das heißt der Mainstream hätte letztlich keine Chance, die Meinungsfreiheit einzuschränken. Was wir brauchen, ist eine ausreichende Anzahl an souveränen Bürgern. Möglicherweise sind Sie einer der Gesuchten. Lesen Sie diese Ausschreibung genau durch! Falls Sie sich berufen fühlen, machen Sie mit! Falls wir genügend souveräne Bürger finden, gibt es Hoffnung auf eine freie Gesellschaft.

Voraussetzungen:

Sie lassen sich nicht von den Lügenmedien/der Wahrheitspresse manipulieren. Sie plappern nicht die im Mainstream vorgegebenen Ansichten nach, sondern Sie machen sich eigene Gedanken zur Lage der Nation. Sie haben keine Angst, wegen Ihrer Meinung von der Mehrheit ausgegrenzt und isoliert zu werden, sondern vertreten selbstbewusst Ihren Standpunkt. Sie sind stets kritisch und hinterfragen die Praxis der Mächtigen in Staat und Gesellschaft. Durch Drohungen lassen Sie sich nicht einschüchtern. Sie sprechen Klartext und vertreten Ihre Interessen und die Interessen der Ihnen Nahestehenden.

Sie sind freundlich zu Ihren Mitmenschen, auch wenn diese andere Ansichten vertreten. Sie weisen höflich darauf hin, dass Sie die Sachlage für sich anders sortieren, und begründen Ihren Standpunkt. Auch wenn Sie wissen, dass Ihr Gegenüber auch ganz ohne Argumente (nur mit Drohungen und Moralkeulen) überzeugen kann, machen Sie ihm dies nicht zum Vorwurf, sondern Sie fragen einfach nach.

Vorwürfe, Sie seien rechts, populistisch, libertär, systemkritisch, ein Putin-Versteher, ein Verschwörungstheoretiker, NPD-nahe, irgendetwas-phob, Rassist, Nazi, irgendwas-Feind oder Hasser, oder sonst irgendwelche unsinnigen Anfeindungen weisen Sie schlicht als absurd zurück und fragen nach dem Zweck solcher persönlichen Beleidigungen. Sie fragen Ihr Gegenüber, ob es ausschließlich Menschen akzeptieren möchte, die genau seine Ansichten vertreten.

Sie vertreten offensiv Ihre Standpunkte auch in der Öffentlichkeit und ermuntern andere, ebenfalls ihre individuellen Ansichten offen zu vertreten. Sie empfinden die Meinungsvielfalt als Bereicherung und befürworten keinen Konsens, sondern den Disput. Sie stellen sich schützend vor Minderheiten, auch wenn Sie nicht deren Meinung sind.

Aussichten / Gewinn:

Wenn Sie die Voraussetzungen erfüllen, können Sie ein freies und selbstbestimmtes Leben führen. Sie tragen entscheidend zur Meinungsfreiheit bei und schützen damit die Gesellschaft vor Versklavung und Diktatur. Sie sind nicht anfällig für Manipulationen und sind geschützt vor Beteiligung an unmenschlichen Verbrechen. Sie sind ein souveräner Bürger.

Bewerbungen adressieren Sie bitte an sich selbst!

Für ein freies und starkes Deutschland mit freien und starken Menschen

Das schöne Motto von Gerd-Lothar Reschke wurde bereits erwähnt. Wie soll ein freies und starkes Deutschland mit freien und starken Menschen aussehen?

Zunächst soll einmal klargestellt werden, wie es nicht aussehen soll. Ein freies und starkes Deutschland mit freien und starken Menschen kann auf gar keinen Fall sozialistisch sein, weder nationalsozialistisch noch international-sozialistisch. Eliten und Führungsfiguren muss es immer geben, aber es darf keinen Führerkult geben. In der derzeitigen aufgeladenen Situation ist die Gefahr groß, dass das Volk sich nach einem starken Mann oder nach einer starken Frau sehnt. Möglicherweise ist es sogar sehr wahrscheinlich, dass das angerichtete Desaster in eine Diktatur mündet. Das könnte dann sehr böse enden. Die Erfahrungen mit Diktaturen in Deutschland sind alles andere als rosig. Die Gefahren als „rechts" oder als „links" zu bezeichnen, sollte man lassen. Das vernebelt nur die Sinne. Eine Diktatur ist gekennzeichnet durch einen allmächtigen Staat und durch totalitäre Verhaltensweisen ihrer Führer. Totalitäre Verhaltensweisen sind zum Beispiel, wenn sich die Politiker nicht an die Gesetze halten, wenn sie Oppositionellen nicht zuhören und sie ausgrenzen (indem sie rote Linien definieren) oder sogar von anderen verlangen, sich von irgendwem zu distanzieren, wenn sie Demonstrationen schlechtreden, Andersdenkende aufgrund ihrer Standpunkte persönlich attackieren, und so weiter.

Das Problem ist vor allem der Staat und seine Machtstrukturen. In einem freien Deutschland sollte es demnach keinen starken Staat geben. Der Staat sollte bescheiden sein und sich auf seine zentralen Funktionen beschränken. Die wichtigste Aufgabe dabei ist der Schutz der Bürger und ihres Eigentums. Neben der Bekämpfung der Kriminalität gehört auch der Schutz des Staatsgebietes dazu, das heißt es muss eine starke Armee geben, die so ausgerüstet ist, dass sie das Land gegen Angreifer und Eindringlinge verteidigen kann. Selbstredend dürfen keine Angriffskriege geführt werden. Über alle anderen Dinge kann man diskutieren. Wichtig ist, dass man die Bürger nicht so gnadenlos ausraubt, wie es derzeit der Fall ist. Insbesondere darf sich der Staat nicht als Wohltäter aufspielen, vor allem nicht mit Geld, das er vorher seinen Bürgern gestohlen hat. Wohltaten verteilen können die Bürger selber, dazu wird kein teurer Staatsapparat benötigt. Gesellschaftspolitik ist generell zu unterlassen. Auch die Geldverschwendung im Bildungssektor muss eingedämmt werden. Es gibt viel zu viele sinnlose Institute und Behörden, deren Zweck zu hinterfragen ist. Der absurde „Klimaschutz" ist nur ein Beispiel von gnadenloser Anmaßung und als scheinheiliger Grund zum Raubzug gegen die Bürger. Vermutlich würden wir mit unserem Geld sorgsamer umgehen, wenn wir unser Schuldgeldsystem durch ein eigenes wertgedecktes Geld ersetzen würden.

Einwanderer, die sich ihren Lebensunterhalt erarbeiten, können ein Gewinn für die Gesellschaft sein. Auch schutzbedürftige Flüchtlinge könnte man aufnehmen, wenn Privatleute für die Kosten aufkommen. Der Staat sollte sich bei diesen Wohltaten heraushalten. Die Begrenzung der Aufnahme ergäbe sich dann automatisch durch die Höhe der Spenden der Bürger.

Die Kultur muss wieder von der Mehrheit der Menschen geprägt werden und nicht von ideologisch verbohrten Politikern, denen das deutsche Volk nicht gefällt und die es daher durch ungezügelte Zuwanderung massiv verändern wollen. Die Meinungsfreiheit muss wiederhergestellt werden. Die Bürger sollen wieder mutig ihre Standpunkte vertreten, ohne von Hyänen zur braunen Suppe oder zu sonst etwas erklärt zu werden. In einem freien und starken Deutschland mit freien und starken Menschen kann sich dann auch eine gesunde (beschränkte) Anzahl an Zuwanderern wohlfühlen. Ein solches blühendes Gemeinwesen neu aufzubauen, ist eine große Aufgabe.

Wir schaffen das!

eigentüm

Eigentum

und Recht

und Freiheit

lich frei